MADAME DE GAULLE

Du même auteur

LA BATAILLE D'ANGLETERRE, Plon.
DÉLIT DE VAGABONDAGE, Grasset, 1978.
COURTE SUPPLIQUE AU ROI POUR UN BON USAGE DES ÉNARQUES, Mazarine, 1979.
LE MAÎTRE DE HONGRIE, La Table ronde, 1980.
L'HOMME DE 40, Robert Laffont, 1980.
LA TÉLÉVISION LIBRE, Gallimard coll. Idées, 1981.

Marcel Jullian

Madame de Gaulle

Avec la collaboration de Charles Meyer

Stock

1

C'est la guerre

Nul ne s'en doute encore. C'est le dernier été de l'avant-guerre. Le village, étalé, en croix, à l'angle des deux routes dont la principale va vers l'est, à Chaumont, et vers l'ouest à Bar-sur-Aube, subit patiemment la saison pourrie. Les prés sont humides, les mirabelles « couleront » sans doute sans mûrir et, pour finir, les vers s'y mettront. Il crachine aussi, depuis des semaines, sur Domrémy à soixante-quinze kilomètres de là.

Le 14 Juillet n'est pas tout à fait comme les autres. A Paris, le matin lavé accueille sur les Champs-Elysées une foule inhabituelle, enthousiaste, admirative, presque fervente. Pour voir défiler les soldats, on est allé jusqu'à louer des chambres rues Washington, de Berri ou Lincoln d'où, en se penchant aux fenêtres, on peut apercevoir les régiments et, en tout cas, les drapeaux. L'après-midi, les nuages reviennent. Ils accompagnent les communistes, nombreux qui, élus en tête, rassemblés place de la Bastille, scandent : « Daladier démission ! Daladier Charenton ! »

A Colombey, on a fleuri le monument aux

morts. Il porte vingt-sept noms pour la Grande-Guerre de 14-18. Des noms bien de chez nous qui sentent les labours, le ruisseau à truites et les vergers de prunes : Babouot Louis, René et Raymond, Jurvilliers Jules, Thiéblemont Jules. La mairie est pavoisée et le buste de Marianne a été placé pour la circonstance au-dessus de la porte d'entrée dans un environnement de lampions et de guirlandes. Engoncés dans leurs uniformes, coiffés de leurs casques bien astiqués, les pompiers ont conduit la retraite aux flambeaux. Sur la place du village, il y eut des jeux, des courses en sac, un mât de cocagne, puis le bal populaire avec la hantise d'un brusque retour de l'ondée qui terminerait la fête.

« Quand, cheminant de Bar-sur-Aube à Chaumont, on parvient au plateau de La Villeneuve-aux-Fresnes, on découvre soudain, devant soi, la colline à profil tumulaire qui domine le village… » Celui qui présente ainsi Colombey s'appelle Jacques Vendroux. Il est le beau-frère du colonel d'active qui, cinq ans plus tôt, en juin 1934, a acheté la grosse maison à l'extrémité du village. De Calais, où il habite, il y est venu plusieurs fois : « La Boisserie, telle une proue tournée vers l'océan de la forêt des Dhuits dont l'étendue se perd aux confins des lointains horizons mauves. Une haie vive et quelques hauts sapins sombres entourent un grand pré, à demi planté de mirabelliers, dont le versant plonge jusqu'à la naissance d'un vallon solitaire où paissent de calmes troupeaux. »

La bâtisse est de pierre et dévorée de vigne vierge, plongée dans un grand fouillis végétal… « une tourelle hexagonale coiffée de tuiles à l'ancienne... » On prétend qu'elle tient son nom de la déformation du mot brasserie qui aurait été sa destination d'origine. Il y a là Yvonne, trente-neuf ans, la femme du colonel, ses enfants, Philippe dix-sept ans, Elisabeth quinze ans et Anne onze ans, une cuisinière, une bonne à tout faire et Marguerite Potel, une robuste Normande qui s'occupe spécialement d'Anne dont l'état réclame des soins particuliers. Le colonel, lui, est à Metz où il s'est installé au 1, rue de la Vacquinière. Ce 14 Juillet, il a participé avec son régiment de chars au défilé à Metz-Chambière devant le général Loiseau, gouverneur militaire, et son état-major, le préfet de la Moselle, les notables et la population. Une fois de plus, et avec un malin plaisir, il a transgressé les ordres reçus en faisant rouler ses chars à vive allure, affolé la cavalerie et scandalisé les officiels...

Vient-il, au lendemain de la fête nationale, rejoindre les siens pour quelques heures, dans cette propriété familiale dont il dit : « C'est ma demeure » ? Qu'y recherche-t-il, sinon sérénité et retraite : « D'ailleurs, cette partie de la Champagne est tout imprégnée de calme, observe-t-il : vastes, frustes et tristes horizons ; bois, prés, cultures et friches mélancoliques ; reliefs d'anciennes montagnes très usées et résignées ; villages tranquilles et peu fortunés, dont, rien, depuis des millénaires, n'a changé l'âme ni la place. »

Quand il s'y trouve, il ne circule pas dans les rues, ne se montre presque jamais. La Boisserie est son refuge. Les portes se referment vite sur lui et ses concitoyens ne le connaissent guère. Ils savent qu'il est officier, et quelques-uns d'entre eux ont appris qu'il écrivait des livres. Son dernier, *La France et son armée* est paru voici un an et, pour la première fois, hors de chez l'éditeur militaire spécialisé, Berger-Levrault, qui a publié les trois précédents. Il a fait grand bruit. Les journaux en ont parlé. Sous le titre *Le Livre d'un soldat*[1] Roger Giron en a rendu compte dans *Paris-Midi :*

« Le colonel de Gaulle, qui commande à Metz l'un des plus beaux régiments de chars de la frontière, le 507e, n'est pas seulement un officier d'une exceptionnelle distinction d'allure et d'esprit. Il n'est pas seulement l'un de ces jeunes chefs de notre armée auprès de qui " il fait bon servir " ainsi que me disait quelqu'un qui a eu l'honneur de l'approcher dans les conjonctures redoutables que nous venons de traverser... » Tout l'article est de la même veine : allusion aux périls de la France, à Munich, référence à la valeur de technicien militaire du colonel, à son audience dans les milieux politiques : « Un homme d'Etat de la qualité de Paul Reynaud ne cache pas l'intérêt qu'il porte à ces vues originales et fortes », enfin au maréchal Pétain, à qui l'ouvrage est dédié « et qui dirigea de ses précieux conseils la rédaction de plusieurs chapitres ».

Ceux qui sont au courant à Colombey en retiennent qu'ils abritent, au creux du village, un soldat éminent et ils s'en réjouissent, comme d'un gage précieux par les temps sombres que l'on vit. L'auteur, lui, a retenu la phrase finale de l'article et l'a soulignée : « Ecrivain militaire, M. Charles de Gaulle est un écrivain tout

1. Plon.

court. » De Metz, il lui arrive de faire tenir *La France et son armée* à un personnage en vue. Cette année encore, il écrivait à son ami Jean Auburtin, à Paris, pour le remercier d' « envoyer son livre en cadeau » et pour lui retourner l'exemplaire qu'il avait dédicacé. Il avait ajouté une phrase révélatrice : « Si Chamberlain tient bon, on va voir des choses curieuses en Europe, car je persiste à penser que l' “ Axe ” bluffe sans vouloir se battre, tout au moins actuellement. »

Enfermé à La Boisserie, loin des lampions mouillés de la fête de la veille, Charles de Gaulle songe à la proximité de la guerre. Elle hante son esprit. Un souvenir vient-il le lui rappeler? Durant l'hiver 1937-1938, il avait rendu visite à son beau-frère Jacques Vendroux, en vacances avec sa famille à Pralognan. « Où en sera-t-on l'an prochain? lui avait-il déclaré soudainement. Sont-ce là nos dernières vacances heureuses?... » Et, un peu plus tard, durant la route nocturne de Pralognan à Brides-les-Bains, il se montre inquiet, il redoute que « la veulerie des politiciens, qu'ils soient Alliés ou Français, permette à Hitler de reconstituer, dans un esprit de revanche, une force militaire de plus en plus moderne et forte ». Devant l'inutilité de ses efforts, il lui arrive de s'impatienter, de laisser éclater sa rage, d'adresser à Paul Reynaud une missive de guerrier : « Mon régiment est prêt : quant à moi, je vois venir sans nulle surprise les plus grands événements de l'histoire de France. » A l'abri dans sa gentilhommière sombre, il compte les jours et mesure la tâche immense qu'il va falloir accomplir. Il songe à ce peuple qui fête l'anniversaire de la prise de la Bastille, danse, boit, replie ses guirlandes, et ne voit pas que l'orage se lève à l'Est. Il craint, au plus profond de lui, que ce soit le dernier été pacifique.

Yvonne, sa femme, portant talons plats, sagement coiffée en bandeaux et chignon sur la nuque, a la réserve et le sérieux un peu suranné de la bourgeoisie de province. Elle est fille du Nord, née avec le siècle, à Calais, au cœur de la vieille ville. Son père, Jacques Vendroux, héritier d'une lignée d'armateurs et de mayeurs (maires), était vice-président de la Chambre de commerce, conseiller municipal, consul honoraire d'une demi-douzaine de pays étrangers. Un notable. Sa mère, Marguerite Forest, était la petite-fille d'un important notaire de Charleville. Une ascendance bien française, fortement ancrée dans une de ces régions où l'on a, de longue date, le respect des traditions et des valeurs établies.

Il faut pourtant remonter beaucoup plus haut dans la généalogie de cette famille Vendroux-Forest. Jusqu'à un ancêtre commun assez inattendu : le pape Jules III (1487-1555) de la vieille famille romaine des Ciocchi del Monte. Au cours de ses cinq années sur le trône de saint Pierre, il convoqua une nouvelle fois le concile de Trente, édicta des réformes pour restaurer la discipline monastique et fonda le *Collegium Germanicum* où la formation des prêtres allemands était confiée aux jésuites. Un pontificat sans scandales en un temps où ils n'étaient pas rares...Sauf une fille naturelle qui épousa un Caffieri de la célèbre famille des sculpteurs et bronziers. Un de leurs arrière-petits-fils, Filippo Caffieri, jusqu'alors au service du pape Alexandre VII accompagna Mazarin en France en 1660. Ses descendants s'y allièrent aux Le Veux, aux Vendroux, aux Forest, à travers les Giovanelli dont un ancêtre avait été doge à Venise... Mais, au fil des siècles, cet héritage italien se dilua dans les apports bretons, flamands, bourguignons, alsaciens, lorrains, champenois qui, dit-on, contribuèrent à donner aux Vendroux la ténacité qu'on leur reconnaît.

Pour Yvonne de Gaulle, La Boisserie est avant tout la maison de famille qu'elle peut gouverner souverainement loin des obligations mondaines qui incombent à une femme d'officier supérieur. C'est le refuge, le havre — on ne disait pas encore « résidence secondaire », le temps retrouvé avec le souvenir mélancolique des vieilles bâtisses familiales de jadis qui ont les contours de Sept Fontaines, la belle demeure de vacances des Vendroux dans la région de Charleville. Elle en avait longtemps rêvé de cette maison « bien à soi », mais le traitement d'un commandant ou d'un lieutenant-colonel sans fortune personnelle ne permettait guère de bâtir des châteaux en Champagne ! Sans trop y croire, on espérait toutefois une « bonne affaire » dans nos départements de l'Est ni trop éloignés de Paris, ni trop proches de la frontière.

En juin 1934, la chance leur avait souri avec une petite annonce dénichée dans *L'Echo de Paris.* Une grande maison de Colombey-les-Deux-Eglises, dans le département de la Haute-Marne, cherchait acquéreur. En 1927, un couple franco-américain, les Jolas, qui la louaient quatre mille francs par an, en avaient fait un centre littéraire et poétique et y animaient la revue d'avant-garde *Transition.* Depuis plusieurs mois, elle était pratiquement inhabitée, réclamait de sérieuses réparations de la toiture, n'avait ni eau courante ni chauffage central. Dès leur première visite Charles et Yvonne de Gaulle avaient été conquis.

La Boisserie était alors évaluée à cinquante mille francs, mais sa propriétaire, Mme Alice Bombal, qui ne l'habitait pas, la cédait pour un versement comptant de cinq mille francs et une rente viagère de six mille francs par an. L'acte de vente qui sera signé en l'étude de Me Mouton, notaire à Chaumont, le 9 juin 1934, porte sur « une maison d'habitation élevée sur terre-plein d'un rez-de-chaussée et d'un premier étage avec grenier sous combles ; pavillon adjacent élevé sur cave d'un rez-de-chaussée et d'un premier étage avec grenier dessus, le tout constituant une demeure de quatorze pièces ; jardin d'agrément, boqueteaux, verger, potager et prairies, l'ensemble d'une surface de deux hectares quarante et un ares quarante-cinq centiares. »

Deux ans plus tard, Mme Bombal mourra, noyée dans sa baignoire... Les de Gaulle avaient versé dix-sept mille francs pour une propriété qui en valait au moins le triple.

Depuis 1934, la famille s'y transporte chaque année au grand complet pour les vacances d'été et la maison est maintenant confortable, très agréable à vivre. Le colonel débarrassé des servitudes du harnois, y trouve le silence et l'isolement propices à ses méditations et fait de longues promenades à travers la forêt. Il a pris possession des paysages austères de ces marches de Champagne, de Lorraine et de Bourgogne, ceintes de la « forêt gauloise », où il reconnaît, à chaque pas, les traces de notre histoire. Ses chemins y ont vu passer les moines cisterciens de l'abbaye de Clairvaux toute proche, le sire de Joinville rentrant de la croisade de Saint Louis, Jeanne d'Arc en route pour Chinon, les routiers de Charles le Téméraire.

Yvonne de Gaulle, qui aime la nature, accompagne volontiers son mari dans ses explorations des bois et des prés. Elle l'écoute dérouler en marchant ses grandes visions d'histoire mais est sans doute plus attentive aux fleurs sauvages. L'univers où elle s'accomplit pleinement c'est sa maison, son jardin avec ses rosiers et ses tulipes, Philippe et Elisabeth qui oublient les contraintes du lycée, Anne l'enfant qui ne grandira jamais.

A Colombey, on a regardé s'installer les nouveaux propriétaires de la Boisserie avec la feinte indifférence qui est de règle. Les habitants sont en majorité des paysans méfiants, durs au travail, peu « causants », de ceux qui observent longtemps l'étranger avant de l'accepter et sans pour autant jamais l'adopter. Certes, comme dans tous les départements de l'Est, les militaires bénéficient d'un préjugé favorable. Mais pour ces hommes qui conservent et cultivent leurs souvenirs de régiment, un colonel reste un personnage inaccessible et intimidant. Et celui-là, par sa stature et son maintien, les impressionne...

D'ailleurs on ne les rencontre guère, lui et « sa dame », que pendant les vacances, à la messe du dimanche dans la petite église ou, parfois, au hasard de leurs promenades à travers champs. Chacun les salue en voisin, avec déférence. Mais nul ne se permettrait de leur adresser la parole le premier. Et comme les de Gaulle ne sont pas non plus « causants », les choses en restent là...

Le 15 août, c'est la grande fête du village. La place de la mairie a été envahie par les manèges, chevaux de bois et baraques foraines avec le stand de tir, le « chamboul'tout », la grande roue des loteries, les étalages de nougats, de pains d'épices, de farces et attrapes. La pluie a cessé de tomber et les jeunes des villages voisins sont venus à bicyclette pour participer aux réjouissances. Dans la cohue bruyante, un grand garçon sérieux et une adolescente aux allures de cheftaine : Philippe et Elisabeth.

Ce sont, en somme, des vacances d'été comme les autres. On s'est passionné pour le Tour de France dominé par le duel entre Vietto et Sylvère Maes. Le Belge l'emportera. A Paris un million de « congés payés » se sont entassés dans les trains à destination des plages de la Méditerranée et de l'Atlantique. Le président Albert Lebrun se repose dans sa propriété de Mercy-le-Haut, Daladier fait du bateau à Porquerolles et Paul Reynaud à Ajaccio. Les deux « tubes » de l'année donnent le ton : *Y a d' la joie* par Maurice Chevalier, et *Tout va très bien Madame la Marquise* de Ray Ventura.

Les premiers grondements se font entendre dans la seconde quinzaine d'août. Ils viennent de Dantzig, la ville libre sur la Baltique revendiquée par le Troisième Reich. Trop assourdis par la distance pour inquiéter vraiment une opinion publique assoupie, dans la torpeur des vacances d'été, ils n'éveillent guère d'écho.

A La Boisserie, Yvonne de Gaulle doit, sans doute, se sentir ramenée vingt-cinq ans en arrière. Qui prétend que l'histoire ne se répète jamais ? C'est la même chaleur lourde d'août 14, les mêmes senteurs de fruits, l'herbe qui commence à roussir, l'arrosage des jardins à la tombée du soir, les cris des enfants, la cloche de l'église... tous les bruits familiers qu'elle entendait aux environs de Sept Fontaines. En jeune fille accomplie, l'aînée des demoiselles Vendroux apprenait alors, sans grand enthousiasme, l'aquarelle, l'art des bouquets et, accessoirement, l'anglais et l'allemand. Elle n'en négligeait pas pour autant la cuisine et les ouvrages de dames : couture, tricot, broderie, dentelle au fuseau, et sacrifiait même aux sports autorisés : l'équitation et le patin à roulettes qui faisait fureur.

La nouvelle de l'assassinat de l'archiduc François-Ferdinand le 28 juin 1914 à Sarajevo avait dû inquiéter Jacques Vendroux, son père, qui avait la charge du consulat d'Autriche-Hongrie à Calais. Mais, dans l'isolement de la campagne ardennaise, on était loin d'imaginer que l'attentat conduirait à la guerre entre la France et l'Allemagne. Aussi, le 28 juillet, l'information confidentielle, venue de la préfecture de Charleville, qui annonçait pour imminente une mobilisation générale avait-elle fait l'effet d'une bombe. Dès lors, l'état d'esprit avait changé. L'air sentait la poudre. Pour leur part, prévoyant l'encombrement des voies ferrées et des routes, les Vendroux avaient décidé de regagner Calais sans plus attendre.

Le président de la République, Raymond Poincaré, était rentré la veille d'une visite officielle à Saint-Pétersbourg : « Je retrouve l'Elysée désert, notait-il. Mme Poincaré qui est partie pour la Meuse avec mon frère et ma belle-sœur achève là-bas les préparatifs de notre installation d'été. Elle a emmené avec elle notre fidèle siamois et notre mignonne petite chienne bruxelloise. » Et il ajoutait : « Ce qui me frappe, c'est qu'ici beaucoup de personnes semblent croire la guerre imminente. »

Le 30 juillet, la mobilisation générale est décrétée en Russie. Le 1er août, il en est de même en Allemagne et en France où Poincaré proclame : « La mobilisation n'est pas la guerre. Dans les circonstances présentes elle apparaît, au contraire, comme le meilleur moyen d'assurer la paix dans l'honneur. » Quelques heures plus tard, l'Allemagne déclare la guerre à la Russie et envahit le Luxembourg. Le 2 août, elle somme la Belgique d'accorder le libre passage à ses troupes et, le 3 août, déclare la guerre à la France. Le lendemain, à minuit, l'Angleterre entre à son tour en guerre contre l'Allemagne.

A Berlin, Guillaume II affirme devant le Reichstag : « Acculés à notre légitime défense, nous tirons l'épée la conscience pure et les mains pures. » A Paris, Poincaré réclame « l'union sacrée pour la guerre du droit, de la liberté et de la civilisation ». *L'Intransigeant,* qui se veut rassurant, affirme que « les guerres d'aujourd'hui sont moins meurtrières que celles d'autrefois ».

A Calais, les 30 et 31 juillet, les archers sont convoqués au stand de tir de Bourbourg et l'Etoile vélocipédique calaisienne organise une réception pour un de ses jeunes cyclistes qui vient d'être classé vingt-septième à l'arrivée du Tour de France. Le 1er août, pourtant, une certaine inquiétude se manifeste et le *Télégramme du Pas-*

de-Calais et de la Somme note que « par les rues de la ville, devant les vitrines où l'on affiche des nouvelles relatives à la crise européenne, des rassemblements se forment, persistent et se renouvellent de la première à la dernière heure du soir. On commente avec plus ou moins de sang-froid les étapes de la crise. »

Jacques Vendroux père, qui n'est pas mobilisable, s'est porté volontaire pour la garde des ponts de chemin de fer et des tunnels vers Boulogne. Quelques jours plus tard, cette mission sera confiée aux territoriaux et à la garde civile. De son côté, Marguerite Vendroux s'est proposée comme infirmière à l'hôpital militaire et a installé Yvonne dans un petit atelier à domicile pour découper des bandes de pansement dans les vieux draps.

Le 3 août, les cinq sous-marins *Frimaire, Nivôse, Newton, Euler* et *Volta* appareillent du bassin Carnot. Les mobilisés se bousculent dans un hangar du port pour y recevoir uniformes et équipements. Désormais, les dés sont jetés ; le correspondant calaisien du *Télégramme* écrit : « C'est la guerre maintenant. La guerre que depuis si longtemps appelaient de tous leurs vœux et de tout leur cœur ceux qui, après 1870, n'avaient jamais pu se faire à l'idée de l'Alsace et de la Lorraine écrasées sous la botte teutonne. »

Pendant les deux premières semaines de guerre, les communiqués militaires, résolument optimistes, et les commentaires des journaux entretiennent le moral des civils. Dans les départements du Nord et de l'Est la vie quotidienne s'organise. A Calais, le maire installe des cuisines populaires et fait appel, pour les alimenter, à la générosité de ses administrés. On apprendra ainsi, par le quotidien local, que « la maison Vendroux, fabrique de biscuits et de pâtes alimentaires, vient de mettre à sa disposition mille paquets de macaroni et deux cents paquets de pâtes alimentaires avec douze boîtes de biscuits à partager entre la Croix-Rouge et l'Union des femmes de France ». La « grande guerre » a décidément commencé.

Le 24 août 1939, l'annonce de la signature du pacte germano-soviétique provoque un coup de tonnerre comparable à celui qui avait suivi la décision de mobilisation de 1914. D'un soir à un matin, les illusions de Munich se dissipent. « Toute la Côte d'Azur, observe Maja Destrem[1], se vida en quelques heures. Fantastique coup de mistral. Le 22 août, de Menton à Bandol, c'était encore la grande foule des vacances. C'était, à Cannes, le Bal des Petits Lits blancs. Mais, dès le lendemain, l'on commentait avec agitation, les lugubres nouvelles moscovites. Le 25 au matin, la folle migration commençait. Trains bourrés, voitures pressées, premier exode dans le sens sud-nord. Au soir, il n'y avait plus personne. »

Le sablier est renversé. On rappelle les réservistes auxquels le ministère de la Guerre conseille de se munir d'effets personnels : « une ou deux couvertures de laine ; un jersey tricot ou chandail, deux chemises, en flanelle et coton, deux caleçons en flanelle et coton, une paire de gants de laine ; deux mouchoirs ; deux serviettes de toilette ; une couverture de laine ou flanelle

1. *L'Eté 39,* Fayard, 1960.

d'environ 2,25 m de longueur sur 0,40 m de largeur, une paire de bretelles, une cuillère, une fourchette, un pantalon et une veste de toile, une ou deux musettes... »

La Wehrmacht envahit la Pologne. Les panzers contre la cavalerie héroïque. Un dernier ballet diplomatique. Et le 30 août, la guerre est déclarée. Elle prendra effet le lendemain, 1er septembre, à cinq heures. « Partout dans Paris, les hommes regardent leur montre... Encore vingt minutes et nous serons en guerre... Encore dix minutes... Encore cinq minutes[1]... »

Le 30 août, le soleil se lève à cinq heures quatre. Il fait beau le matin, le temps se couvre dans l'après-midi. De petites pluies d'orage tombent avec le soir. La gendarmerie du canton enquête à Colombey sur l'accident d'automobile de la veille au cours duquel deux voitures se sont heurtées à un kilomètre du village. Il n'y a eu que des dégâts matériels.

Cantonné à Metz, le colonel de Gaulle a toujours su, lui, que la guerre était inévitable. De son « régiment de mécaniciens », il a fait un « régiment de chasseurs » lorsque, le 2 septembre, il est nommé commandant des chars de la Ve Armée et, à ce titre, rejoint son poste à Wangenbourg en Alsace. Avant de quitter Metz, il donne des instructions afin que les meubles et objets personnels qu'il y a laissés soient transportés à La Boisserie.

A Colombey, tous les hommes mobilisables sont partis. Ceux qui restent s'activent aux travaux des champs, les anciens de 14 racontent une

1. Maja Destrem, *op. cit.*

fois de plus Verdun et le Chemin des dames, les très vieux égrènent leurs souvenirs d'enfance : la retraite des soldats de Bourbaki et l'arrivée des Prussiens. On sait, ici, que la guerre est chose grave et les déclarations officielles résolument optimistes sont accueillies avec une prudence nourrie des souvenirs du passé. On compte toutefois sur la ligne Maginot pour arrêter l'ennemi.

Désormais, Yvonne de Gaulle accède à la communauté des femmes dont les maris sont « au front » et à la solidarité discrète qui s'installe. Par un mot ici et là chez les commerçants du village, elle sait pouvoir compter sur chacun en cas de besoin. Elle jouit en outre d'une considération accrue car, aux yeux de ces gens simples, une épouse de colonel est tenue au courant des secrets militaires... En ces premières semaines de septembre, ses préoccupations dominantes sont toutefois d'ordre domestique. Comme tous les habitants de Colombey, elle prépare son hivernage en cuisant les confitures et en faisant provision de pommes de terre, et, surtout, de bois de chauffage.

A la rentrée d'octobre, Philippe et Elisabeth ont regagné Paris pour y reprendre leurs études. Leur mère reste donc seule à La Boisserie avec Anne et sa gouvernante-infirmière Marguerite Potel ainsi qu'une cuisinière-bonne à tout faire recrutée sur place. Ce premier hiver à Colombey est l'un des plus rudes des dernières années. Trois mois de neige et de gel, de solitude coupée des passages en coups de vent du grand colonel en veste de cuir et de quelques voyages éclairs à

Paris. Dans la grande maison silencieuse, elle tricote.

On s'enlise dans les communiqués quotidiens de la drôle de guerre. Yvonne de Gaulle reçoit des nouvelles de son colonel qui, pour sa part, déborde d'activité. Le 11 novembre, il prend l'initiative d'adresser au général Gamelin une « note relative aux modifications à apporter aux règlements concernant l'emploi des chars ». Elle restera lettre morte. A Colombey, la section locale des Anciens Combattants décide de prélever sur sa caisse une somme de cent francs « pour achat de laine afin de faire des passe-montagnes à ses membres mobilisés ». Ce sont les enfants des écoles et les personnes dévouées qui en feront la demande et seront chargées du tricot. Mme de Gaulle, qui lit *Le Petit Haut-Marnais,* doit se sentir des démangeaisons aux doigts.

Le 1er décembre, Charles de Gaulle crée à Blamont un centre d'instruction des chars de la Ve Armée et s'emploie à maintenir ses bataillons sous pression. A la Noël, il vient en permission. On le sait par le fromager de Colombey, Fernand Roethlisberger, mobilisé, qui l'a rencontré. « Ecrivez-moi quand vous aurez terminé vos classes, lui dit le colonel, j'essaierai de vous prendre avec moi. » Les jours d'hiver s'écoulent. Au début de janvier, on publie l'état civil de l'année 39. Le bilan est lourd pour la commune : trois naissances, onze décès, un mariage. Le maire André Demarson passe à La Boisserie pour faire signer des contrats d'eau. Il est accompagné de Georges Gaupillat, doyen du village.

« Eh bien, mon colonel, demande le maire, qu'est-ce que vous pensez de la guerre ?

— Qu'est-ce que vous voulez qu'on dise de la guerre ? On peut tenir un moment, mais, pour marcher de l'avant, on n'est pas prêt[1]. »

Fin décembre ou au 1er janvier, de Gaulle regagne son unité. Il enrage de l'inertie du gouvernement, relance sans cesse Reynaud et, avec son accord, fait tenir une version, plus élaborée, de sa note à Gamelin « aux quatre-vingts principales personnalités du gouvernement, du commandement, de la politique ». Sans plus de succès. Le 3, il reçoit Paul Reynaud à Wangenbourg, à la table du général Bourret qui est son chef direct. Allons ! Se décidera-t-on à comprendre avant qu'il ne soit trop tard ? De Gaulle piaffe, s'impatiente... Presque quotidiennement, sa femme en a des échos. Elle imagine sa rogne au fur et à mesure que les semaines passent. De son côté, elle lui rapporte les petits détails de la vie à Colombey. On s'y préoccupe de la collecte des couvertures pour les troupes en campagne ou de la quête publique au profit du Vin chaud du soldat et, comme partout en France, on s'entretient des prophéties en tous genres qui, depuis le début du conflit, foisonnent un peu partout. « De tout temps, dit *Le Petit Haut-Marnais* dans son éditorial, le mystérieux a tourmenté l'esprit humain, et plus particulièrement en temps de crise. Plus les hommes étaient frappés, plus grande était la floraison de devins, de mages, de tous ces gens habiles à exploiter la misère comme aussi la crédulité de leurs semblables... De tous ces prophètes de mauvais augure, le plus célèbre fut sans contredit, Nostradamus. »

1. *Colombey-les-Deux-Eglises,* Editions Actica, 1972.

On y revient à plusieurs reprises sous le titre « A propos de prophéties », et à la rubrique « Colombey », on brosse un sombre tableau des années à venir : « La bataille durera de longs jours avant que les Français, menés par un prince blanc venu du Midi, triomphent et assurent enfin la paix définitive. Dans cette sanglante bataille, l'Empereur d'Allemagne et son fils trouveront la mort. » On ressort des vieilles statistiques et le journal local n'hésite pas à affirmer : « La guerre a coûté au monde, depuis la naissance du Christ, cent mille francs par homme. » Ce qui la met tout bonnement « hors de prix ».

En février, le calme n'a jamais été aussi grand sur l'ensemble de ce que l'on continue d'appeler le « front ». De Gaulle, lui-même, s'y laisse prendre et écrit à un de ses amis : « Par ici, rien de neuf, comme vous savez. Malgré les périodiques alarmes je suis, pour ma part, convaincu qu'il n'y aura, sur notre front — faute de moyens mécaniques appropriés — aucune grande entreprise terrestre ni d'un côté ni de l'autre cette année. » Mais ses démarches répétées auprès de Paul Reynaud ont porté leurs fruits et il a reçu l'assurance d'être appelé à la tête de la 4e division cuirassée dont la création est, enfin, annoncée.

A Colombey, le dimanche 25 février, les Anciens Combattants se sont réunis en assemblée générale. Ils ne sont plus que cent huit dans la section intercommunale. Ils traitent les questions posées à l'ordre du jour : cotisations, aides en tous genres, élisent un bureau provisoire pour la durée des hostilités et lèvent la séance à dix-sept heures. « Immédiatement, écrit *Le Petit Haut-Marnais,* tous, jeunes et vieux, se forment en cortège pour aller se recueillir un instant devant le monument aux morts et y déposer la palme du souvenir, puis, pour terminer cette belle journée, d'accord, l'on se rend à l'hôtel du Cheval blanc, chez le camarade Poulnot. » Quatre jours plus tard, ce sont les obsèques de Claude Genou, ancien combattant, vice-président de la Société de Secours mutuels, décédé à l'âge de soixante-neuf ans. On ne l'a pas vu à l'assemblée du dimanche précédent. Il était déjà malade. Drapeaux déployés, sous le plafond bas et gris, Valleur a prononcé un beau discours qu'il a conclu en s'adressant directement au défunt : « A vous, mon cher Genou, je vous dis adieu... »

A Paris, Reynaud forme un nouveau gouvernement le 21 mars. C'est ce que le colonel appelait de tous ses vœux. Il se précipite auprès de lui pour s'y heurter à l'opposition catégorique de ses ennemis qui, décidément, ne désarment pas. Le 14 avril, déçu, il écrit à sa mère : « Comme vous le voyez, je suis retourné au front. Au moment où je l'ai fait, l'atmosphère politique était trop mauvaise à Paris et les relations entre Paul Reynaud et Daladier étaient trop tendues pour que je puisse travailler utilement. J'ai donc demandé au Président du Conseil de retourner à mes chars jusqu'à ce que la situation soit éclaircie. Il y a consenti, tout en me déclarant qu'il me ferait revenir à bref délai : j'attends donc sans impatience. »

Le 8 mai 1940, à Wangenburg, il prépare avec passion la mise sur pied de sa division qui doit être achevée dans la quinzaine à venir, et écrit à Yvonne : « Ma chère petite femme chérie, j'espérais un peu avoir une lettre de toi aujourd'hui.

En tout cas, je pense que tu as dû recevoir les miennes.

» Toujours rien de neuf par ici. J'y passe des jours qui seront, je pense, les derniers dans mon poste actuel. J'aurai à me trouver à (Poissy) vers la fin de ce mois (entre le 20 et le 30 probablement). Mais d'ici là, j'aurai à faire une tournée à travers la France pour aller voir où en sont les éléments en formation. Je compte donc passer à Colombey le 13. »

Quand elle recevra cette lettre, sans doute le 10, la Wehrmacht a lancé son offensive à l'ouest depuis cinq heures du matin. Ce jour-là, au milieu du branle-bas de combat, Charles de Gaulle lui écrit :

« Voici donc la guerre, la véritable guerre commencée. Je serais, cependant, assez surpris si les opérations actuelles de Hollande et de Belgique devaient constituer vraiment la grande bataille franco-allemande. Cela viendra, à mon avis, un peu plus tard. Je voudrais bien, en tout cas, que la 4e division cuirassée soit prête le plus tôt possible.

» En tout cas, il faut s'attendre à une activité croissante des aviations et, par conséquent, prendre des précautions. Pour toi, pour le tout-petit (Anne), pour Mademoiselle (Potel), Colombey serait un bon gîte surtout s'il n'était pas sur la grande route de Strasbourg à Paris. Fais donc bien attention, de jour à rentrer et faire rentrer s'il y a alerte, et le soir à bien éteindre les lumières. Gadot (le garagiste-taxi de Colombey) doit être assez sûr. Pour Philippe, à Paris, il faut qu'il ne fasse pas inutilement le “ malin ” si l'on tire.

» Ci-joint lettre reçue de cette fille Elisabeth. J'ai bon espoir pour son bachot. »

Le 15 mai, le colonel de Gaulle est à son P.C. de la 4e division cuirassée qui lui a été confiée depuis trois jours. Ce jour-là est veillée d'armes. Dans la matinée il a rencontré le général Doumenc au G.Q.G. de Montry, puis, à La Ferté, le général Georges « visiblement accablé » qui lui dit : « Allez de Gaulle ! Pour vous, qui avez depuis longtemps les conceptions que l'ennemi applique, voilà l'occasion d'agir ! » Dans l'après-midi, il a pris la route de Laon pour rejoindre ses bataillons de chars qui achèvent de se rassembler et découvert « le spectacle d'un peuple éperdu et d'une déroute militaire ». Maintenant, installé à son P.C. opérationnel de Bruyères, il prépare l'engagement de son unité le lendemain.

Il ne peut ignorer que nos trois divisions cuirassées ont été écrasées, que l'armée hollandaise vient de capituler, et que l'armée française entrée en Belgique a reçu l'ordre de se replier. En fait, la route de Paris est ouverte et la bataille de France est, d'ores et déjà, perdue.

Au village, les souvenirs de 1870 commencent à refluer en mémoire. « Les femmes de Colombey, dans les réunions du soir, les petites filles dans les écoles, font de la charpie, taillent des bandes, coupent des compresses… les communes sont autorisées à organiser des sociétés de francs-tireurs pour leur propre défense. » Quelques sobriquets d'alors sont restés célèbres. « Franc-Tireur » précisément et « Mahon ». Deux terribles, prêts à en faire voir de dures aux Prussiens. De fait, plusieurs combats se sont déroulés à Bricon, qui est un nœud ferroviaire, et à Châteauvillain[1]. Colombey voit passer les troupes françaises à de fréquentes reprises. Après la ratification des préliminaires de la paix, le 1er mars 1871, c'est l'occupation prussienne. La Haute-Marne est, en effet, l'un des sept départements condamnés à être occupés jusqu'au paiement complet de l'indemnité de guerre. Le 24 mars, un millier de soldats ennemis s'installent à Colombey.

Triste évocation qu'on s'efforce d'oublier. On se tait. On rentre le soir plus tôt encore que de coutume. On s'aperçoit qu'on n'a pas eu le cœur, en cette année 40, de respecter la tradition des *mais* pourtant solidement implantée. Elle consiste à aller, dans la nuit du 30 avril, couper des arbres feuillus dans la forêt des Dhuits pour les dresser devant les maisons des filles à marier. Il est vrai que les garçons sont à l'armée... De même on n'a rien fait à l'occasion de la Saint-Gengoulph, un lieutenant de Pépin le Bref, le patron des maris trompés. D'ordinaire, « les jeunes gens de Colombey avaient l'habitude de dessiner, dans la nuit, avec des fleurs jaunes et avec du foin, un chemin entre les maisons des personnes du village dont la rumeur publique prétendait qu'ils avaient une liaison. Le 11 mai au matin, c'était à qui se lèverait le premier pour effacer éventuellement avec un balai les " chemins " qui partaient de sa porte, ou pour suprendre ceux qui se livraient à cette manœuvre[2]. »

Yvonne de Gaulle se tient renfermée à La Boisserie. Ces jeux ne lui ont jamais plu. En ce

1. *Colombey-les-Deux-Eglises, op. cit.*
2. *Ibid.*

printemps d'acier, elle songe à la petite malade à qui elle doit épargner les affres d'un départ précipité. Les hasards de la guerre sont gravés dans son esprit. Elle sait, d'enfance, l'impuissance de l'arrière face aux incursions aériennes ennemies. Voici vingt-cinq ans, c'étaient les *Taube* ou les *Aviatik.* Aujourd'hui ce sont les *Stukas.* A Calais, il avait fallu renforcer les caves voûtées de la vieille maison où l'on descendait à chaque alerte.

« Je me souviens de Maman disant au médecin-chef de l'hôpital qui fumait une cigarette sur le perron de la cour intérieure, “ Rentrez donc : monsieur le médecin-chef, vous n'êtes pas raisonnable de rester là. ” Résultat : quelques minutes après, une torpille “ jumelée ” n'a laissé ni médecin-chef, ni cigarette.

» Il passait beaucoup de troupes la nuit venant d'Angleterre. Longeant notre rue, ils chantaient en sourdine *Keep your smile...* c'était triste... Il y avait, sous uniforme anglais, des Chinois ou de même race, des Fidjiens de deux mètres de haut, des Hindous, lesquels avaient beaucoup de tenue. Les Fidjiens grimpaient aux arbres pendant les bombardements[1]. »

1. Lettre adressée deux semaines avant sa mort à son frère Jacques Vendroux.

2

C'est la débâcle

Ce 15 mai 1940, Charles de Gaulle griffonne en hâte quelques « instructions » à sa femme : « Les événements sont *très* sérieux. J'ai confiance que nous parviendrons à les dominer. Cependant, il faut s'attendre à tout. Rien de bien urgent, d'ailleurs, pour toi quoi qu'il arrivera. Mais il faut te tenir au courant, si possible par le général Bret, afin de n'être pas surprise, si jamais... Dans ce cas de si jamais, le mieux serait d'aller d'abord retrouver Suzanne (Vendroux). Assure-toi *très discrètement* d'un moyen de transport éventuel. Je te dis, d'ailleurs, *en conscience* que je ne crois pas que les choses en viennent là.

» Hier soir, j'ai vu Philippe dix minutes. Il va bien. Toutefois, ayant passé la visite pour P.M.S. (Préparation militaire supérieure), il se demande si l'analyse n'a pas révélé un peu d'albumine. Tu ferais bien de voir ce qu'il en est. Le médecin de Stan pourrait, me semble-t-il, faire cela. »

Au plus tôt cette lettre parviendra à Colombey le 17. Ce jour-là à dix-sept heures trente, Thomas Jules, un cultivateur de soixante-dix-huit ans, se suicide, « pour des raisons actuellement inconnues », écrit le journal. En tout cas, de plusieurs coups de pistolet. Tout le village en parle. On ne sait rien encore des réalités de la situation militaire. On a, toutefois, appris par les communiqués officiels, que les Allemands ont une fois de plus envahi les départements voisins et que les combats sont « acharnés ». C'est l'incessant passage des convois de réfugiés que, comme en 14, on appelle ici des « émigrés ». Ils viennent des Ardennes et de la Meuse ; ils racontent les routes embouteillées, le reflux de nos troupes, les attaques des *Stukas* et les méfaits de la Cinquième colonne. Peu à peu l'inquiétude s'installe, mais patriotisme et naïveté aidant, on croit encore à une répétition du « miracle » de la Marne.

A La Boisserie, Yvonne de Gaulle écoute la cuisinière qui lui rapporte ce qu'elle vient d'entendre chez le boulanger, le boucher ou l'épicier de Colombey. Des bruits et des rumeurs qui la ramènent à Calais, vingt-cinq ans plus tôt, pendant la première quinzaine d'août 1914, dans la grande maison de son enfance. On suivait alors avec angoisse, à travers les récits des réfugiés belges, la progression allemande vers Namur. Les bobards sur les atrocités des uhlans, « qui coupent les mains des petits enfants », semaient l'épouvante dans les familles et les espions circulant sous les déguisements les plus inattendus hantaient les esprits. On citait la mésaventure de ce prêtre des environs de Perpignan venu à Calais pour placer ses vins du Roussillon qui avait été désigné par un passant comme pouvant être un Allemand. Son accent du terroir sans doute ! La foule, ameutée devant le portail de l'église Notre-

Dame où il lisait paisiblement son bréviaire, avait failli lui faire un mauvais parti...

Le Télégramme du 12 août 1914 pouvait bien affirmer : « La population calaisienne fait preuve d'un admirable sang-froid », on savait, chez les Vendroux, que Calais était l'objectif de l'offensive allemande et que, sans doute, il faudrait se préparer à partir. Il en est de même aujourd'hui : Yvonne de Gaulle n'attend plus qu'un signe pour abandonner Colombey et se mettre en sécurité avec ses enfants.

Le 16 mai, le colonel de Gaulle s'apprête à entrer dans la bataille avec ses chars. En cette veillée d'armes il fait dactylographier, au 1er Bureau de l'état-major, le texte d'une procuration étendue en faveur de sa femme. Mieux vaut tout prévoir... la blessure, la captivité, la mort... Sans doute, en pensée, revit-il son baptême du feu le 15 août 1914, voici vingt-six ans bientôt, à Dinant. Il l'avait décrit peu après : « A six heures du matin, boum ! boum ! la danse commence, l'ennemi bombarde Dinant avec fureur. Ce sont les premiers coups que nous recevons de la campagne. Quelle impression sur moi ? Pourquoi ne pas le dire ? Deux secondes d'émotion physique : gorge serrée. Et puis c'est tout. Je dois même dire qu'une grosse satisfaction s'empare de moi : Enfin ! On va les voir ? »

L'affaire avait été chaude. Les Allemands tenaient les hauteurs au nord de la citadelle, leurs mitrailleuses balayaient les rues et les ponts. A la tête de sa section, le lieutenant de Gaulle était parti à l'attaque : « J'ai à peine franchi la vingtaine de mètres qui nous séparent de l'entrée du pont que je reçois au genou comme un coup de fouet qui me fait manquer le pied. Les quatre premiers qui sont avec moi sont également fauchés en un clin d'œil. Je tombe, et le sergent Debout tombe sur moi, tué raide ! Alors c'est pendant une demi-minute une grêle épouvantable de balles autour de moi. Je les entends claquer sur les pavés et les parapets, devant, derrière, à côté ! Je les entends aussi rentrer avec un bruit sourd dans les cadavres et les blessés qui jonchent le sol. »

Le 17 mai 1940, c'est le baptême du feu pour les 85 chars de la 4e D.C.R. lancés dans une « reconnaissance offensive » en direction de Montcornet. Une opération qui restera comme un des très rares succès tactiques de nos armées pendant la campagne, malgré des pertes sévères en matériel : vingt-trois chars détruits au cours de cette seule journée. Deux jours plus tard, la division repart à l'attaque vers Crécy-sur-Serre et au nord de Laon. Elle s'épuisera contre les défenses ennemies.

A l'issue de ces deux affaires confirmant, hélas trop tard, le bien-fondé de ses conceptions, Charles de Gaulle confie à sa femme :

« Je t'écris au sortir d'une longue et dure bagarre qui s'est d'ailleurs, *très bien* déroulée pour moi. Ma division se forme en combattant et l'on ne me refuse pas les moyens, car si l'atmosphère générale est mauvaise, elle est excellente pour ton mari.

» Je ne sais où vont les événements. Cependant j'ai aujourd'hui une impression un tantinet meilleure que notre commandement commence à se ressaisir. Cependant sois prête à te replier si cela devenait nécessaire. Je n'ai aucune lettre, cela ne te surprendra pas. »

Et, en post-scriptum, il ajoute : « Le jour de ta fête (19 mai), j'étais en plein combat et ce combat — chose rare depuis le début de cette guerre — fut un combat heureux. Dans la pensée, je t'ai envoyé mes vœux les plus tendres, Yvonne. »

La lettre est datée du 21 mai. Elle ne fait aucune allusion à un éventuel départ de Colombey. Or, Yvonne de Gaulle a déjà quitté La Boisserie. Deux dates sont avancées : pour les uns, elle serait partie le 18 mai, avec sa fille Anne et Marguerite Potel ; pour les autres, ce serait seulement le 20. Dans les deux cas, elle n'est plus là au moment où Charles de Gaulle confie la missive à la poste aux Armées. Qu'est-ce qui a, brusquement, décidé la femme du haut colonel à faire ses paquets et à prendre la route ? Sûrement pas la peur. Déjà, enfant, Yvonne de Gaulle a connu l'exode.

En 1916, la famille Vendroux avait en effet abandonné Calais, alors soumis à de trop fréquents bombardements aériens, pour se mettre à l'abri dans la capitale. Elle y avait loué un pied-à-terre boulevard Victor et confié les deux adolescentes, sa sœur et elle, au pensionnat des dominicaines d'Asnières. Les « Demoiselles » de bonnes familles pouvaient y poursuivre des études secondaires en étant protégées des périls qui les guettent toujours dans une grande ville livrée aux permissionnaires.

Mais, dans les premiers mois de 1918, une nouvelle menace se mit à peser sur Paris. Lüdendorff avait lancé une puissante offensive du nord d'Arras au sud de l'Oise ; Saint-Quentin et Noyon étaient tombés et des colonnes de réfugiés traversaient la capitale. Dans le même temps, les bombardements aériens se faisaient plus meurtriers avec l'apparition dans le ciel des escadrilles de *Gothas* et, surtout, la grosse Bertha tirait sur Paris. Le 23 mars, les vingt-deux premiers obus de ce canon colossal avaient touché Châtillon, les environs de la gare de l'Est, la rue François-Miron, la rue du Pont-Mirabeau... Puis, sacrilège impardonnable, pendant l'office du vendredi saint, l'église Saint-Gervais où l'on avait relevé une centaine de morts.

Les dominicaines d'Asnières tremblaient pour leurs jeunes pensionnaires et priaient Dieu de les épargner, puis avaient dû se résigner à les évacuer en province. C'est ainsi qu'Yvonne et sa sœur avaient échoué à Mortagne et, après les vacances d'été en Bretagne, au couvent des visitandines de Périgueux.

Alors, à quelle raison a obéi Yvonne de Gaulle en cette seconde quinzaine de mai 40 ? La prudence sans doute : Anne, fragile, doit être protégée plus que toute autre des mauvais hasards du voyage. Colombey est encore paisible. On sait la guerre proche, mais aux marches de Lorraine, on y est, de longue date, accoutumé. Les travaux de la terre s'exercent avec leur sage lenteur. Pourtant des rumeurs alarmistes se répandent. *Le Journal* du 18 mai s'en fait précisément l'écho : « La poussée sur la Meuse des divisions cuirassées allemandes a déterminé dans certains milieux, dans certains endroits que nous ne nommerons pas, un état d'esprit catastrophique (...) Des gens qui étaient à l'arrière, et par conséquent à l'abri, criaient que tout était perdu et non seulement le criaient mais le téléphonaient. »

On peut s'interroger. Mme de Gaulle a-t-elle cherché à joindre le général Bret avec qui son mari lui avait conseillé de garder le contact et lui a-t-elle demandé son avis ? En tout cas, elle part, avec les papiers précieux et les objets auxquels elle attache le plus de valeur. En regardant s'éloigner le clocher, La Boisserie, les maisons du bourg, la forêt des Dhuits, les champs éblouis sous le soleil printanier, sent-elle qu'elle ne reverra tout cela que beaucoup plus tard ? Se doute-t-elle, alors que le dernier virage lui dérobe le village et ses arbres à fruits, que, selon le mot terrible de Bernanos, ce seront, cette année, « les Allemands qui cueilleront les mirabelles dans les jardins de Domrémy » ?

Où va-t-elle ? Là où Charles de Gaulle le lui a, en cas de péril, recommandé : auprès de sa sœur Suzanne qui habite une vaste demeure, le « château de la Martillère », à Rebréchien, une petite bourgade du Loiret. Elle y vit seule avec ses deux enfants, son mari Jean Rérolle ayant été replié à Riom avec les services du Crédit Lyonnais où il travaille. Pour les deux sœurs, commence le temps de l'attente et de l'inquiétude, préoccupations toutes deux lancinantes et que l'on s'efforce de tromper en évoquant ses souvenirs de jeunesse.

En cette seconde quinzaine de mai 40, il est toutefois difficile de retrouver la saveur du temps perdu au milieu des nouvelles confuses déversées par la T.S.F. ou apportées par les journaux. Des noms de villes et de bourgades familières « où les combats font rage » apparaissent et disparaissent, engloutis par la marée ennemie. On pressent, jour après jour, que la situation s'aggrave. Pourtant la lettre du 24 mai envoyée par de Gaulle est colorée d'espoir : « Toujours la bagarre. Mais les choses, de mon côté, ne vont pas mal. J'ai comme l'impression que la surprise est surmontée et que nous allons vers le rétablissement. Mais que de plumes nous aurons laissées et laisserons encore !

» Je suis général depuis hier. Je l'ai appris par une lettre que Paul Reynaud, ministre de la Guerre, m'a fait porter en ligne et par laquelle il m'annonçait qu'il avait signé ma promotion sur proposition du général Weygand.

» J'espère que tu te plais chez Suzanne et qu'Anne s'habitue un peu. Je n'ai de lettres de personne, sauf de toi, quoique avec un grand retard. »

Mais il ajoute : « Je t'ai fait envoyer ce matin des liasses de lettres et de papiers que j'avais gardés et que je te demande de ne pas perdre. Il y en a d'importants. » Préoccupation de l'historien ou, déjà, prescience de son destin ? Pour Yvonne, sans doute le signe que son mari se prépare au pire...

D'ailleurs, ce que l'on apprend à Rebréchien n'incite pas à l'optimisme. Non sans surprise, Yvonne et Suzanne ont vu arriver leur frère Jean Vendroux à la tête des habitants de son village des Ardennes. Depuis le 10 mai, ils sont sur les routes, au cœur de la débâcle, talonnés par les panzers, bombardés, mitraillés par les avions.

Rien ne laisse présager un prochain « rétablissement » sur la Marne ou ailleurs.

Le 27 mai, on apprend que Dunkerque s'organise en camp retranché et que le roi Léopold a annoncé la capitulation de l'armée belge. C'est maintenant vers Calais, la cité des Vendroux, que les deux sœurs orientent leurs pensées. Une ville que tous les enfants de France associent aux six célèbres bourgeois se livrant en otages au roi d'Angleterre, un port pas tout à fait comme les autres où l'on vit le regard tourné vers les falaises de Douvres avec le sentiment d'être investi d'une mission historique de sentinelle sur le passage de la Manche à la mer du Nord.

Vingt-cinq ans plus tôt, en septembre 1914, les Allemands avaient déjà tenté de s'emparer de cette position clé. Dans la course à la mer, *Nach Calais* par Hazebrouck et Saint-Omer avait remplacé le *Nach Paris* de la ruée du mois d'août. Les combats avaient fait rage sur l'Yser, à Nieuport, à Dixmude, dans la région d'Ypres, défendus par les troupes belges, britanniques et françaises. Pendant deux longs mois, la population de Calais avait suivi dans l'angoisse le déroulement de cette bataille dont la ville était l'enjeu. Le trafic du port était réduit de quatre-vingt-dix pour cent, les fabriques étaient fermées ou tournaient au ralenti, l'hôpital militaire où Mme Vendroux servait comme infirmière-major regorgeait de blessés.

Il y avait eu la déclaration de Guillaume II annonçant son entrée dans la ville pour le 14 décembre, et en réponse le slogan « Ils ne passeront pas ! » et des textes héroïques à la gloire des Alliés :

« Ils ne passeront pas les soldats du Kaiser qui rêvaient de conquérir l'Artois tout entier, de détruire ses richesses inépuisables, d'atteindre ses ports dont la possession les fascine.

» Devant eux, ils trouveront, plus résolus que jamais, ce que l'Angleterre a jeté dans la balance de la guerre atroce déchaînée par le nouvel Attila.

» A côté du fils valeureux de la Grande-Bretagne se rangent le Canadien héroïque, l'Australien merveilleux, l'Ecossais impétueux ; avec lui combat l'Hindou dont la ruse alliée au courage porte la terreur dans les rangs des Barbares modernes. »

« Ils » n'étaient pas passés. Mais, aujourd'hui, l'armée belge avait mis bas les armes et les Anglais préparaient leur rembarquement. Que resterait-il de la maison natale des Vendroux, des souvenirs qui s'y accumulaient depuis des siècles, des quartiers si familiers, après les combats ? Yvonne de Gaulle ressent d'autant plus intensément le désastre que le « joli mois de mai » est celui d'anniversaires qui comptent beaucoup pour elle.

Elle est née, en effet, le 22 mai, il y a tout juste quarante ans. Chez les Vendroux, on est, naturellement, très attaché au catholicisme romain et à ses rites. Peu après sa naissance, enveloppée dans la somptueuse robe de baptême jadis offerte à la famille par la reine Marie Stuart, Yvonne, Charlotte, Anne-Marie, avait été portée sur les fonts baptismaux à l'église Notre-Dame de Calais où officiait avec sérénité et élégance l'archiprêtre et protonotaire apostolique M. de Lenquesain, puis consacrée à la Vierge dans une chapelle latérale.

Son enfance protégée, heureuse, dans la vieille ville où flottent les souvenirs de la marine à voile, a le parfum des livres de la comtesse de Ségur née Rostopchine. Elle est la petite fille modèle choyée par ses parents qui lui inculquent les bonnes manières et les bons principes du savoir-vivre. Chaque matin, la gouvernante alsacienne veille à sa toilette — costume marin et bottines à boutons — et une vieille institutrice vient à domicile lui apprendre à lire. Le dimanche, en robe de mousseline blanche, ceinture bleu ciel et chapeau de paille, elle accompagne ses parents à la grand-messe. Pendant les vacances à Sept-Fontaines, elle gambade dans les bois, chasse les papillons, insouciante et libre.

Dans le flou de ce passé, quelques événements surgissent dans sa mémoire. Le départ de Blériot pour sa traversée de la Manche auquel elle assiste au côté de son père dans le petit matin du 25 juillet 1909, les tentatives de renflouement du sous-marin *Pluviôse* et la foule angoissée, massée sur la plage, le 26 mai 1910 ; l'approche de la comète de Halley qui, à en croire les journaux, pourrait balayer la Terre. Et aussi sa première communion, « le plus beau jour de sa vie » selon la formule consacrée, le 20 mai 1911. Cérémonie solennelle s'il en fut, avec la procession des fillettes en longue robe blanche brodée et leur entrée, deux par deux, dans la cathédrale, les grandes orgues, les chants, les cierges, l'encens, les parents soudain graves. Puis, dans la soirée, le grand dîner de famille avec le protonotaire apostolique si imposant avec sa *capa magna.* Un menu conservé dans les archives familiales : Ox-tail — Turbot sauce crevettes — Canetons aux petits pois — Selle de renne sauce moscovite — Asperges en branches sauce normande — Poulets de grains à la broche — Salade de laitue — Langoustes en bellevue — Parfait au café — Desserts — Marsala royal 1884, château yquem 1904, château palmer 1891, romanée conti 1893, Moët & Chandon, ténériffe...

En ce mois de mai 1940, il n'y aura pas de premières communions à Calais. La population s'est enfuie ou se terre, les Allemands sont là et martèlent les pavés de leurs bottes. Le 27, le Général de Gaulle qui prépare pour le lendemain une contre-attaque de sa 4e D.C.R. au sud de la Somme poste une lettre à sa femme :

« Je pense beaucoup à toi et à nos enfants. Philippe et Elisabeth devraient bien m'écrire un mot.

» J'ai envoyé deux mille francs aux Dames de Sion. J'enverrai la même somme à Stan dans quelques jours et je te ferai parvenir les talons des mandats.

» Pour le moment, je crois qu'il vaut mieux que tu ne restes pas à La Boisserie. Mais tu devrais tâcher d'y faire prendre ton argenterie, car les maisons non habitées risquent — je le vois — le pillage non pas tant des troupes que des réfugiés. Philippe pourrait faire cela avec la voiture de Jean Rérolle. »

En ces derniers jours de mai, la poussée allemande pouvait sembler contenue ou moins forte et on s'accrochait encore à l'espoir d'une résistance sur la « ligne Weygand ». Des civils en fuite suspendaient leur exode, certains avaient même rebroussé chemin et découvert leurs maisons « visitées ». Toutefois la suggestion du général de Gaulle vient trop tard car les événements vont plus vite que la poste aux armées. Quand sa lettre arrive à Rebréchien, il n'est plus possible de retourner à Colombey pour y sauver quoi que ce soit. Déjà, les regards des deux sœurs se tournent vers Carantec, en Bretagne, où les Vendroux sont installés dans deux villas, *Les Glycines* et *Brise du soir* louées pour l'été et où on espère toujours la venue de Jacques, le frère aîné alors affecté spécial à la biscuiterie militaire de Lille en principe évacuée.

Le 2 juin, une nouvelle lettre du front. De Gaulle y évoque avec quelque enthousiasme son « grand succès vers Abbeville » et sa citation à l'ordre de l'armée. Mais, cette fois, il donne le signal d'un nouveau repli : « Je crois qu'il vaudrait mieux que tu trouves quelque chose de meublé pour attendre la fin de la crise. Ce serait, de préférence, soit Charente, Dordogne, Haute-Vienne, soit Bretagne (vers Brest) où se trouve déjà Cada (la femme de Jacques Vendroux). Je t'enverrai mille cinq cents francs par mois à partir du 30 juin.

» Je suis passé hier à Paris et ai vu Philippe cinq minutes. Il est très bien. Très compréhensif. Très tendu.

» Je t'embrasse de tout mon cœur qui t'aime, ma chère petite femme. Rien ne compte plus que ceci : il faut sauver la France. »

Le 5 juin, les Allemands reprennent l'offensive : c'est le début de la dernière bataille organisée que peuvent livrer les armées françaises. Le lendemain, les blindés de Rommel traversent la Somme et foncent vers Rouen... De Riom, Jean Rérolle téléphone à sa femme et lui demande de partir sur-le-champ pour Carantec avec les enfants. Elle a à sa disposition une voiture, une Primaquatre Renault immatriculée 6940 RJ 5, mais il lui manque son permis de conduire... ce qui, en vérité, est de peu d'importance dans la conjoncture. Sans hésitation, elle embarque ses deux fils âgés de quatre et cinq ans, les valises faites à la hâte, quelques objets souvenirs parmi les plus précieux dont la pendule en Saxe qui a toujours marqué l'heure de la naissance et celle de la mort de plusieurs générations de Vendroux, et prend le chemin de la Bretagne.

Yvonne de Gaulle reste seule avec Anne et Marguerite Potel dans la grande maison des Rérolle maintenant silencieuse. Isolée dans une petite ville où elle est une inconnue, une réfugiée parmi tant d'autres. C'est là qu'elle apprend par les informations radiodiffusées que son mari est nommé à compter du 5 juin, sous-secrétaire d'Etat au ministère de la Défense nationale et de la Guerre... Dieu que les événements vont vite et combien, en cet ardent été, ils remettent de choses importantes en question ! Qui aurait dit, voici six mois, que le colonel de Gaulle alors chantre de l'arme motorisée serait aux pires moments de la guerre nommé général puis appelé au gouvernement ?

Depuis le 10 mai, elle ne l'a pas revu. Il s'est battu dans le Nord, il court à présent les routes avec des missions impossibles... Se doute-t-elle que la débandade générale, la faillite des systèmes, la faiblesse des politiciens, conduiront le soldat auquel elle a lié son existence à devenir « l'homme du destin » ? Elle ne sait rien. Sous la pression de l'ennemi, la famille est pour l'heure éparpillée. Elisabeth et Philippe sont encore à Paris dans leurs lycées respectifs, sa sœur Suzanne, ses frères et ses beaux-frères ne donnent plus signes de vie. Les soirs de juin sont lents à tomber. Les fumées montent dans l'air limpide. Une à une, toutes les sécurités se sont évanouies. On n'est plus sûr de rien, sinon du mouvement régulier de la terre autour du soleil.

Il a fallu deux jours à Suzanne Rérolle et à ses enfants pour parvenir à destination. Un exode rapide et sans péripéties en avance sur le raz de marée qui se prépare. Leur apparition à la villa refuge de Carantec crée l'affolement. La petite bonne, Anna, file au fond du jardin pour y enterrer l'argenterie comme si les Panzers de Guderian étaient en vue. Puis on échange des nouvelles des Vendroux pris dans la tourmente dont Carantec doit être le point de ralliement. Leur premier soin est de louer une villa à l'intention d'Yvonne. Elle porte le nom de *Ker Armor* ou de *Ker Aven.*

Elle arrive enfin le 12 juin avec ses trois enfants et Marguerite Potel, à bord d'une voiture militaire envoyée par son mari. En l'absence des chefs de famille qui font la guerre, les Vendroux se retrouvent unis autour des mères, des sœurs et des fils trop jeunes pour combattre. Comme à Calais et à Boulogne pendant la Première Guerre mondiale dont les souvenirs servent toujours de référence.

L'homme célèbre de la famille est maintenant Charles de Gaulle. Sa présence au gouvernement « engage » aussi les Vendroux qui, pour l'heure, ne savent ni ce qu'il fait, ni ce qu'il pense, ni où il est. Et pour cause : le 9 il est à Londres, le 10 à Orléans avec Paul Reynaud, le 11 à Arcis-sur-Aube avec Huntziger puis à Briare avec Weygand, le 13 à Tours pour le conseil franco-britannique, le 14 à Bordeaux où le gouvernement s'est replié. Dans l'incertitude et l'angoisse où on se trouve à Carantec, c'est de lui seul que pourrait venir la ligne de conduite à tenir. Et le temps presse.

Le 15 juin, un voyage à Brest lui fournit l'occasion d'un passage en coup de vent auprès des siens. Au déjeuner de famille à la villa *Brise du soir,* il se montre peu loquace, guère disposé à répondre aux questions. Les convives retiendront une de ses phrases : « Vous allez bientôt entendre parler de moi ! » A-t-elle été réellement prononcée, ou s'agit-il d'un de ces souvenirs reconstitués après coup et que l'on se transmet dans les familles ? Est-il possible qu'il n'ait rien dit de Weygand et de Pétain, de ceux qui, au gouvernement, ont déjà choisi l'armistice ? A-t-il évoqué le fameux « réduit breton » dont l'idée, assez folle, lui sera parfois imputée ? En revanche, il annonce à sa femme que des instructions seront laissées à la Préfecture maritime de Brest pour son éventuel embarquement et celui des enfants à destination de l'Angleterre.

De Carantec, de Gaulle file à Paimpont pour y embrasser sa vieille mère. Repliée de Sainte-Adresse depuis un mois, elle y occupe alors un petit logement de trois pièces loué par son fils aîné Xavier, capitaine de réserve affecté à un détachement d'artillerie dans la région de Coëtquidan. C'est un adieu, il le sait. Puis il rejoint Brest où le contre-torpilleur *Milan* doit le conduire à Plymouth.

Mais la débâcle militaire s'est accélérée depuis l'entrée des Allemands à Paris le 14 juin. Deux jours plus tard, ils franchissent la Loire et des rumeurs de demande d'armistice circulent un peu partout. On apprend la démission de Paul Reynaud et la désignation du maréchal Pétain pour former un nouveau gouvernement. Tout indique que la fin est proche. L'inquiétude d'Yvonne de Gaulle qui attend des instructions de son mari grandit d'heure en heure.

Tous les ports de la côte bretonne sont maintenant surpeuplés de civils et de militaires gagnés par la panique. « On en arrivait à embarquer sur tout ce qui flottait, et la confusion devint évidemment plus grande à mesure que l'avance des ennemis transformait le réduit breton en une gigantesque souricière. A Morlaix étaient arrivés à la file des Rouennais, d'autres Normands, en particulier des habitants d'Evreux, des Parisiens qui avaient grossi le flot des réfugiés de septembre 1939 et des Belges des premiers jours de mai », écrira Jean Vidalenc.

Au fil des heures, les chances de pouvoir quitter Carantec avant que les avant-gardes allemandes ne l'atteignent s'amenuisent.

3

C'est l'exil

Dans la nuit du 16 au 17 juin, un officier inconnu frappe à la porte de la villa *Ker Aven*. Il arrive de Bordeaux, apporte des passeports datés du jour même et un message verbal : « Le Général souhaite que vous le rejoigniez à Londres le plus tôt possible. Embarquement à Brest. » L'homme ne sait rien de plus et disparaît.

Aussitôt, c'est le branle-bas de combat. Les valises sont prêtes, il suffit de les boucler. Tout ce que l'on ne peut emporter — argenterie, linge, titres, papiers, lettres — a déjà été remis en garde à une personne de confiance, Mme Moncus[1]. Yvonne réveille sa sœur Suzanne : elle seule peut les conduire, elle et ses enfants, jusqu'à Brest qu'il faut à tout prix atteindre le lendemain.

Au matin du 17 juin, on s'entasse dans la providentielle Primaquatre, Yvonne de Gaulle, Anne, Philippe, Elisabeth et Marguerite Potel, elle aussi lancée dans l'aventure. Suzanne

1. Ce précieux dépôt sera intégralement récupéré le 11 octobre 1944.

Rérolle est au volant, dents serrées, prête à affronter n'importe quel danger pour accomplir sa mission. Sur la route, des camions brûlent dans un nuage de fumée noire. Elle fonce carrément, à l'aveuglette. On croise des soldats éberlués, des charrettes renversées, des voitures en panne. Au fur et à mesure que l'on avance, la confusion augmente : « Une foule sur la route, des civils, des militaires, ils s'en vont sans savoir où ils vont... A l'entrée de Brest, le désordre est à son comble ; ceux qui pénètrent dans la ville pour s'y réfugier sont aussi nombreux que ceux qui en sortent pour se sauver... Dans le port, la foule assiège les quais. On doit croiser la baïonnette pour la maintenir », écrira un témoin de cette folle journée.

La voiture se fraie un chemin dans la cohue, débouche sur le quai d'embarquement. Trop tard : le navire polonais que l'on devait prendre est déjà en haute mer[1]. Un autre, hollandais celui-là, surchargé de troupes canadiennes, de soldats français, de gendarmes et d'ouvriers de l'Arsenal, est sur le point d'appareiller. Il n'y a pas une minute à perdre. Yvonne de Gaulle et ses enfants jaillissent de la Primaquatre, empoignent leurs valises, courent vers la passerelle, grimpent à bord. Sur le quai, Suzanne Rérolle reste seule pendant que le navire s'éloigne. Il lui faut maintenant trouver l'essence qui lui permettra de revenir à Carantec car le réservoir est vide...

Sur le pont du navire, la famille d'un général encore presque inconnu se tasse parmi les autres

1. On apprendra, plus tard, qu'il a été coulé et qu'il y eut peu de survivants.

passagers. Tous ne sont plus que des émigrés fuyant, le cœur amer, leur pays en feu. Dans la rade « des barques de pêche, des croiseurs, des voiliers ainsi que des cargos et des vedettes s'élancent dans toutes les directions », à l'horizon montent les colonnes de fumée des réservoirs incendiés. Passé le goulet, on s'installe, vaille que vaille, dans l'entrepont « en recommandant son âme à Dieu », rassemblés autour de la petite Anne, l'infirme.

Yvonne de Gaulle a effectué un autre voyage vers l'Angleterre, vingt-six ans plus tôt, pour une raison identique : échapper à l'invasion allemande. Inquiets de l'approche des armées du Kaiser, les Vendroux avaient pris la décision d'évacuer de l'autre côté du Channel leurs quatre enfants — Yvonne, Suzanne, Jean et Jacques — sous la surveillance de la grand-mère Forest et d'une vieille institutrice. On s'était embarqués le 15 août 1914 sur le *Pas-de-Calais,* un vieux bateau à aubes qui assurait les liaisons avec Folkestone et avait été arraisonné comme suspect par un croiseur anglais avant d'arriver au port. Un peu tristes de quitter les parents et ravis de cet intermède que l'on disait de courte durée.

Aujourd'hui, la fuite vers l'Angleterre revêt un caractère tragique. Le désastre est consommé. Mme de Gaulle emporte avec elle les dernières images du naufrage de la France et ce départ a déjà les couleurs d'un exil. Des conditions de la traversée, elle ne dira rien. Sauf, semble-t-il, que Philippe a eu le mal de mer. Tous feux éteints, le navire trace sa route en zigzaguant pour éviter les sous-marins ennemis et les passagers ignorent jusqu'à leur port de destination.

Dans ses *Mémoires de guerre,* le Général notera simplement : « Ma femme et mes enfants purent tout juste gagner l'Angleterre par le dernier bateau quittant Brest. » Pas un mot sur les deux tentatives du Foreign Office de leur venir en aide. Celle d'un hydravion envoyé vers Carantec pour les conduire en Angleterre et qui s'abîma en mer. Et, après cet échec, celle d'une vedette rapide qui toucha la côte bretonne alors qu'ils voguaient déjà en direction de Falmouth.

Yvonne de Gaulle a dû tout laisser derrière elle. Par inclination pour un jeune officier qu'on lui a fait rencontrer à dessein et sur lequel elle a, d'emblée, jeté son dévolu, elle a choisi la condition de femme de militaire, les hasards des garnisons, le déracinement chronique, les servitudes de mère du régiment, l'appartenance à une grande famille en uniforme dont le mutisme et l'obéissance aux ordres reçus font la grandeur. Et voilà que, soudain, au pire moment de l'effondrement national, alors que toutes les certitudes sont renversées, sur un seul signal, elle serre ses enfants autour d'elle et monte à bord d'un bateau de rencontre pour traverser la Manche infestée d'ennemis afin de rejoindre, si Dieu le veut, le grand homme devenu quelques jours plus tôt ministre d'un gouvernement désormais à la dérive.

« La décision de partir n'était pas si facile à prendre, confie Philippe de Gaulle. Nous ignorions où et quand nous retrouverions le Général. Pour un garçon de mon âge, cela signifiait l'interruption des concours et des études. Nous

nous exilions avec une chemise sur le dos et cent livres en poche. »

Cette aventure-ci ne ressemble à aucune autre. Yvonne de Gaulle n'est plus une femme d'officier, mais l'épouse d'un des membres d'un gouvernement démissionnaire. A quel titre lui a-t-il donné consigne de le rejoindre à Londres ? Au nom de quelle autorité, sinon, déjà, la sienne propre ? Dans ce grand tourment national, quel rôle joue-t-il, quel parti a-t-il résolu de prendre ? Est-il, lui-même, en mission à l'étranger ou se comporte-t-il, depuis la chute du cabinet Paul Reynaud, en franc-tireur, en isolé, voire en rebelle ? L'humidité du pont, l'insécurité de la route suivie, l'obscurité, le souffle proche des autres voyageurs inconnus sont autant de réalités auxquelles Yvonne de Gaulle est, pour la première fois, confrontée. La guerre de 1914-1918, même dans les régions menacées du Nord, n'avait guère mêlé les gens si elle était parvenue à les faire communier, parfois, dans une même espérance. Elle avait respecté les catégories sociales. Là plus rien ne tient. Sauf lui.

Où est-il, au juste ? Que fait-il ? Elle connaît sa façon de regarder les choses et les gens de haut, cette tendance à toiser sans mépris mais sans complaisance qui le caractérise et qui, dès la première rencontre, l'avait conquise. C'était en 1920, à l'automne. Lui avait « une réputation peu connue mais authentique de Don Juan audacieux au temps de sa folle jeunesse [1] ». Il rentrait de Varsovie où on lui prêtait une romance avec la

1. David SCHOENBRUNN, *Les Trois Vies de Charles de Gaulle*, Julliard, 1965.

« charmante et minuscule » princesse Gzetwertiska pour laquelle il se serait battu en duel avec un officier polonais. On le disait fort intelligent, ombrageux, charmant et discret en toutes choses.

C'était du moins le portrait que traçait de lui Mme Denquin-Ferrand, sans doute l'une de ces innombrables « marieuses » qui sévissaient alors dans la bonne société. Elle ignorait les idées du capitaine sur l'amour : *Quando s'ha a rompere il collo si trova la scala — L'amore a nessuno fa onore e a tutti fa dolore* (Quand on doit se rompre le cou on trouve l'escalier — L'amour ne fait honneur à personne mais est douloureux pour tous [1]). Elle savait qu'il acceptait le principe du rendez-vous et en tirait la conclusion d'avoir à mener « l'affaire tambour battant ». Les Vendroux s'étant, de leur côté, montré intéressés, les « deux partis » avaient fait connaissance dans le salon de l'inviteuse. La conversation avait roulé sur le succès de la dame en bleu, un tableau de Van Dongen exposé au Salon d'automne et qu'aucun parmi eux ne connaissait.

« Pourquoi n'irions-nous pas le voir ensemble jeudi prochain ? Rendez-vous à trois heures au Grand Palais... ensuite nous pourrons prendre le thé sur place... »

Sous le regard attendri de ses parents, Yvonne Vendroux et le haut capitaine avaient déambulé et échangé leurs impressions devant les toiles de Félix Vallotton, Picart Le Doux, Segonzac, Claude Rameau, Riou, Desvallières, Maurice Denis dont *La Bacchanale* retenait l'attention

1. Charles de GAULLE : *Lettres, Notes et Carnets,* Plon.

des critiques et, naturellement, Van Dongen. Sans compter l'obligatoire détour du côté de la rétrospective Renoir. Puis l'on s'était assis en rond, au salon de thé. Jacques Vendroux raconte : « Au cours du goûter, la petite cuiller du capitaine Charles de Gaulle qui porte pour la durée de sa mission un quatrième galon provisoire a glissé de sa soucoupe. En la rattrapant au vol il a failli laisser échapper quelques gouttes de thé aux pieds d'Yvonne (ce mince incident sera plus tard démesurément grossi en tasse de thé répandue sur la robe de ma sœur [1] !) »

En fait le capitaine de Gaulle semblait avoir réussi son examen de passage devant les Vendroux. Ne ferait-il pas un gendre acceptable ? se disait-on. Il avait un nom à particule, des racines familiales dans la même région de France, une forte personnalité et des ambitions qu'il ne cachait pas. De quoi faire oublier qu'un officier de carrière n'est pas ce qu'on appelle « un beau parti ».

Infatigable Mme Ferrand ! Surgie du passé avec son cortège de *five o'clock tea,* ses parties de bridge ou de *mahjong,* son aisance à parler de *night clubs* venus d'Angleterre, sa science de tout ce qui est moderne, elle paraît invraisemblable. La « marieuse » habillée par Coco Chanel ou Maggy Rouff ! Quelle autorité elle avait alors manifestée ! D'abord, elle avait obtenu du capitaine l'assurance laconique d'un « sentiment favorable ». Comme la jeune fille, pour sa part, lui avait confié : « Ce sera lui ou personne », il

1. Jacques VENDROUX : *Yvonne de Gaulle, ma sœur,* Plon, 1980.

ne lui restait plus qu'à réunir les parents des deux timides et les inciter à faire connaissance…

Qui était-elle cette famille de Gaulle à laquelle on songeait à s'allier ? Le père, Henri de Gaulle, était un enseignant érudit et sans fortune, d'une famille de bonne et petite noblesse que l'on dit remonter au XIIIe siècle. Son épouse, née Jeanne Maillot, était apparentée aux grands clans du Nord, les Kolb-Bernard, les Maillot-Droulers, les Gustave de Corbie…

A l'aube du 18 juin 1940, l'entrée dans la rade de Falmouth noyée de crachin est à l'image du désastre. Gilbert Renault, futur colonel Rémy, arrivé sur un cargo norvégien, écrit : « Nous longeons le flanc d'un grand pétrolier gris, allongé au ras de l'eau, avec le drapeau tricolore à sa poupe. Puis deux, quatre, dix, vingt pavillons français. Des vedettes rapides vont et virevoltent entre toutes ces coques immobiles, tandis que nous jetons l'ancre à la place que des signaux lumineux, clignotant au sommet d'un bâtiment situé sur une colline, nous ont assignée dans leur langage. »

La famille de Gaulle débarque dans la ville luisante de pluie. Seule et anonyme au milieu de la foule des « réfugiés ». Elle n'a pas de toit où s'abriter et est sans nouvelles de son chef. « Au matin du 19, raconte Philippe de Gaulle, je suis entré dans un poste de police de Falmouth pour demander comment joindre le Général. Un agent assez ahuri par mon baragouin passant pour de l'anglais, classa sans doute ma demande… en pensant que j'étais un réfugié parmi d'autres. C'est alors que nous avons lu dans un journal le texte de l'Appel et que nous nous sommes précipités dans le premier train pour Londres. »

Décidément, on dirait que, pour Yvonne de Gaulle, le destin se complaît à la faire revenir, sans désemparer, sur ses propres traces. En 1914, c'était elle la fillette qu'on mettait à l'abri avec sa jeune sœur et son frère Jacques, le seul de la famille à parler couramment l'anglais. Cette fois-là, c'était à Folkestone qu'ils avaient débarqué, assez émus et quelque peu désemparés. De là, par le train, ils avaient gagné Canterbury où ils étaient descendus à l'hôtel Fleurs de Lys. Au bout de quelques jours, ils s'étaient installés en louant une jolie villa, 5 St Augustine's Road, dans un quartier résidentiel. Yvonne avait été chargée de la cuisine et, avec l'aide de Jacques, des achats. Puis le moment venu, la scolarité avait repris à la Sainte Union à Kearsney, pensionnat de jeunes filles exilé de Calais en 1904.

Un entracte de quatre mois au terme duquel les Vendroux, rassurés sur la résistance de Calais, y avaient rappelé les enfants. Yvonne y avait renoué avec les cours d'instruction générale et les leçons de piano. Elle s'était mise à confectionner des cakes et des chaussons aux pommes pour les distribuer aux blessés. Et, surtout, elle tricotait infatigablement des gants, chandails, chaussettes, passe-montagnes pour les poilus des tranchées. Est-ce que tout cela allait recommencer comme vingt-cinq ans plus tôt ?

Non. On finit par avoir la communication avec Seymour Place où le Général s'est cantonné. Selon Dorothy Shipley White, qui assiste à la scène, de Gaulle a décroché, dit à sa femme :

« Ah ! c'est toi ! »

Puis, il lui donne son adresse et raccroche.

Le fil, rompu depuis le 10 mai, si l'on excepte le passage éclair à Carantec, est renoué. Il semble bien que le Général ait pris le temps d'aller les accueillir lui-même à la gare de Paddington pour les conduire à l'hôtel Rubens où il leur a retenu un appartement. Là, lui a-t-il confié ses intentions ?

« Vous savez, Yvonne... »

Ils ont bien dû parler de l'appel lancé, la veille, sur les ondes de la B.B.C.

« Mais, enfin, Charles ? Que va dire le gouvernement ? Vous vous en êtes ouvert à Paul Reynaud ? Et le Maréchal, vous approuve-t-il ? »

Personne ne l'écrira jamais, sauf peut-être un jour, Philippe de Gaulle, mais ce soir-là, c'est la France du bon sens et de la mesure qui fait face au grand homme qui a résolu de la réveiller et de la conduire au-delà d'elle-même. Yvonne, la fille des Vendroux, n'a plus, devant elle, un militaire de carrière, mais un dissident, un révolutionnaire, qui vient de rompre toutes les amarres. Comme lui, elle ignore la réaction de Mme de Gaulle mère, entendant sur les ondes, à Paimpont, la voix venue de Londres. D'abord, l'émotion, la fierté :

« C'est Charles ! C'est mon fils... »

Puis, aussitôt :

« Mon Dieu ! Pourvu qu'il ne se soit pas trompé ! »

Même s'ils sont allés ensemble et brièvement au fond des choses, on imagine mal de Gaulle commentant le 18 juin à l'usage familial. L'essentiel n'était-il pas d'annoncer qu'on résiderait en

Angleterre et que, de sitôt, il n'était plus envisagé de la quitter :

« Pas avant la victoire en tout cas... »

Dans les heures qui précèdent, le Général a expédié quelques télégrammes à Weygand, Boisson, Noguès, Catroux... il parle de Georges Mandel qui vogue vers le Maroc sur le *Massilia*... la partie n'est pas terminée... toutes les cartes n'ont pas encore été abattues... Winston Churchill lui témoigne à lui, de Gaulle, une estime particulière...

Tout permet de penser qu'on s'en est borné à l'indispensable. Dès ces retrouvailles ferventes, discrètes et sans effusion excessive (le Général a-t-il, comme à l'accoutumée, fait sauter la petite Anne sur ses genoux ?) Charles de Gaulle a dû bien marquer les préséances et a assigné à sa famille le rôle qu'elle doit tenir tandis qu'il mène son combat : une place digne et lointaine. Dès le lendemain, on va chercher une habitation décente dans l'agglomération londonienne.

Dès lors, sans l'enquête minutieuse entreprise vingt-cinq ans plus tard par la journaliste britannique Susan Raven et publiée sous le titre aigre-doux « *Our guest and sometimes friend* » dans le *Sunday Times Magazine,* on ne saurait pratiquement rien de la vie quotidienne de la famille de Gaulle en Angleterre. Aux yeux du Général, elle n'offrait, il est vrai, aucune sorte d'intérêt pour l'histoire de la France Libre. Dans ses *Mémoires de guerre,* il l'expédie en une phrase : « J'ai loué, d'abord à Ellesmere dans le Shropshire, ensuite à Berkhamsted, près de la capitale, une maison de campagne où je passe les week-ends en compagnie de ma femme et de notre fille Anne. Par la suite, nous nous installerons à Londres, dans le quartier de Hampstead. »

Par une agence immobilière, les de Gaulle ont très vite déniché une villa de style Tudor dans Pettswood au sud de la Tamise. Le 25 juin, le Général signe avec son propriétaire, Leonard Pummell, un bail de location fixant le loyer, payable un mois d'avance, à quatorze livres, un shilling et huit pence. Cette première résidence en exil, comporte une grande salle à manger abondamment décorée de marmites en cuivre et de tableaux d'Ecosse et du Pays de Galles, un salon de style oriental et des chambres raisonnablement confortables. Yvonne de Gaulle apprécie surtout la machine à coudre qui lui permettra de se confectionner quelques robes...

Pendant les premiers jours, Mme Pummell se charge d'initier sa nouvelle locataire — qui n'a pas complètement oublié la langue anglaise — aux mystères du ravitaillement britannique et de lui recommander les meilleurs commerçants du quartier. Sans graves problèmes, la vie privée du chef de la France Libre s'organise dans cet anonymat souhaité que les Anglais savent respecter au plus haut point. Comme jadis à Paris, à Trèves ou à Metz, le Général rentre le soir à la maison, parfois par le métro, le plus souvent avec la voiture du joaillier Cartier que son représentant à Londres, M. Bellanger, rallié de la première heure, pilote en personne. Et, toujours, Yvonne de Gaulle l'attend pour le dîner préparé par elle-même.

Philippe, qui a dix-huit ans, s'engage le 23 juillet dans les Forces navales françaises libres et entre à l'Ecole navale qui vient d'être créée. Il faut maintenant trouver une institution où Elisabeth pourra continuer ses études. Ce sera le couvent des Dames de Sion, près de Shrewsbury, dans le Shropshire, à deux cent cinquante kilomètres de Londres. Puis, le 31 août, avec deux mille hommes de troupe et quelques petites unités navales d'accompagnement, le Général s'embarque à Liverpool sur le *Westernland* pour tenter de rallier Dakar et l'Afrique occidentale à la France Libre. Yvonne de Gaulle demeurait seule avec Anne et Mlle Potel, pendant qu' « au large, dans la nuit noire, sur la houle qui gonflait l'océan, un pauvre navire étranger, sans canons, toutes lumières éteintes, emportait la fortune de la France ».

Un pas essentiel est franchi : nous entrons dans l'irréparable. En France, les autres femmes de généraux tricotent les éternels pull-overs pour les soldats à présent captifs. Dans leurs villes ou villages, même si leur époux a une part, indiscutable, de responsabilité dans la défaite de la patrie, elles n'en sont pas moins toujours considérées. Pour elles, fors l'occupation, rien d'essentiel n'a changé. Vichy, capitale provisoire, fait surnager le monde d'hier, alors qu'autour de lui l'univers bascule.

A Colombey, on n'en revient pas d'apprendre que « le colonel » est à Londres. M. Gaupillat, qui s'était réfugié dans la Creuse, a entendu l'appel. Au bourg, Pierre Piot et quelques autres achètent un poste de T.S.F. « pour pouvoir l'écouter ». Les Allemands sont installés à La Boisserie. « Un jour, Georges Dorkel les voit confectionner un mannequin avec des vêtements de De Gaulle et s'en servir de cible[1]. »

C'est pourtant vrai : Yvonne Vendroux a désormais pour mari un général condamné à mort par un tribunal militaire sous l'inculpation de désertion en temps de guerre. Cela ne pouvait arriver qu'à moi ! se dit-elle peut-être. En tout cas, elle ne marque jamais la moindre réticence, ni ne témoigne d'aucune hésitation. L'essentiel de son rôle consiste, à ses yeux, à n'être pas encombrante. Même si la tournure des événements a, depuis quelques semaines, quelque raison de la tourmenter, même si sa vision des choses n'est pas obligatoirement, celle de Charles, elle n'a, sans doute, pas été insensible à l'exaltation des premiers jours qui ont suivi l'appel. Elle y a trouvé une réminiscence des premiers âges du christianisme, sauf que les aventuriers venus frapper à la porte du Général et se rallier à sa cause, n'avaient pas tous des façons très catholiques…

L'équipée de Dakar, c'est tout autre chose. Passe encore de rompre avec l'Etat, le milieu social, la grande famille militaire. Après tout, l'avenir est suspendu au sort des armes et on fera les comptes après la victoire ! Mais de Gaulle fait beaucoup plus. Il vogue sur un navire anglais, vers une colonie encore colorée de violet dans les manuels de géographie des écoles et qu'il veut arracher au gouvernement « légitime » de la France. Yvonne de Gaulle se résigne. Charles est le chef de famille. Elle a toujours su qu'il n'était pas « comme les autres ». A elle, aujourd'hui d'assumer sa part du fardeau.

1. *Colombey-les-Deux-Eglises, op cit.*

Le 7 septembre, c'est le début du *Blitz*. Sans interruption durant les deux premiers mois, une moyenne de cent soixante bombardiers vont déverser chaque nuit sur Londres et sa banlieue plus de deux cents tonnes d'explosifs à haute puissance et cent quatre-vingts containers de matières inflammables. Aucun quartier n'est épargné, la population est soumise à une épreuve sans précédent : « Tout d'abord, c'était l'alerte, une espèce de gémissement qui montait et descendait pendant deux minutes. Il n'y avait pas une sirène, mais toute une série, car la note était reprise quartier par quartier. C'était ensuite la chute lourde et inégale des bombes, suivie par d'innombrables bruits, depuis le hurlement des chiens jusqu'aux avertisseurs des pompiers, en passant par le tintement des petites bombes incendiaires sur les toits et les pavés, le craquement des flammes, et le bruit sourd des murs qui s'écroulaient [1]. »

Dans sa villa de Pettswood, Yvonne de Gaulle est tout naturellement préparée à faire face à l'épreuve. C'est Calais qui recommence. Elle témoigne d'une ténacité toute britannique et, chrétienne, s'en remet à la Providence. La petite Anne, elle, est terrorisée par le vacarme et chaque nuit est un cauchemar. On se met en quête d'un refuge où elle retrouvera un peu de calme. Tout naturellement, le choix se porte sur Shrewsbury, à proximité du pensionnat d'Elisabeth. Nouveau déménagement et nouvelle installation.

Là, écrit André Gillois, « il n'y avait pas de bombardements mais pas non plus de confort : ni tout-à-l'égout, ni électricité ; on s'éclairait à la

1. Angus CALDER : *L'Angleterre en guerre,* Gallimard, 1972.

bougie. Un grand fourneau noir dans la cuisine et un réservoir d'eau chaude dans la salle de bains avaient la prétention de rendre une partie de la maison moins froide ; mais il fallait suspendre une couverture au pied de l'escalier du deuxième étage pour éviter les courants d'air.

» Mais le jardin était magnifique. Des fruits et des légumes poussaient derrière la maison, et Mlle Potel arrachait les pissenlits pour les servir en salade. A la belle saison Mme de Gaulle faisait sécher ses cheveux au soleil, et se reposait à l'ombre sous les arbres. Il avait fallu tendre un réseau de fils de fer autour de l'étang pour que la petite Anne ne risque pas d'y tomber.

» A l'intérieur de la nouvelle demeure, il y avait des livres de Dickens, des porcelaines de Chine et, le long des escaliers ainsi que sur le palier, une série de gravures représentant des scènes de la Révolution française. Ni radio ni phonographe ; mais Mme de Gaulle vécut très heureuse dans cette retraite [1]. »

L'opération de Dakar a échoué. Le Général l'a durement ressenti. De Freetown, le 28 septembre, il écrit à Yvonne : « Comme je ne voulais pas de bataille rangée entre Français, j'ai retiré mes forces à temps pour l'éviter. Les Anglais ont alors donné. Pour le moment, tous les plâtras me tombent sur la tête. Mais mes fidèles me restent fidèles et je garde bon espoir pour la suite. » Il lui recommande, en cas de nécessité, de faire appel au lieutenant Paris, de son cabinet ou au commandant Passy, son chef d'état-major, et il lui annonce :

1. André GILLOIS : *Histoire secrète des Français à Londres de 1940 à 1944,* Hachette, 1973.

« Je ne compte pas revenir à Londres avant quelque temps. Il faut patienter et être ferme. »

Lettre extraordinaire, l'une des rares où de Gaulle, au milieu des recommandations et des tendresses (« Combien, j'ai pensé à toi et pense toujours à toi et aux babies dans tous ces bombardements ! »), laisse apparaître qu'il a été cruellement blessé : « C'est le plus grand drame de l'histoire et ton pauvre mari y est jeté au premier plan avec toutes les férocités inévitables contre ceux qui tiennent la scène. Tenons bon ! Aucune tempête ne dure indéfiniment. » Comment ne pas remarquer l'étrange faculté qu'ont les êtres qui façonnent le destin de s'en déclarer les victimes. « Jeté au premier plan du drame », écrit-il. Ne s'y est-il pas jeté *lui-même*, ce qui est, d'ailleurs, son titre de gloire ?

Un mois plus tard, de Douala, nouvelle missive : « Je t'écris d'ici, après un grand tour par avion dans tous les points importants du Cameroun et du Tchad. » Même impression de dureté des temps : « Il faut accepter — et je les accepte — toutes les conséquences de ce drame dont les événements (encore) ont fait de moi l'un des principaux auteurs (il ne dit pas acteurs). » Il se plaint de n'avoir pas encore reçu « un seul mot » d'elle depuis son départ et lui conseille d'écrire à Brazzaville où « il y a maintenant, des courriers réguliers ».

11 novembre 1940 à Londres.

Retour vingt années en arrière.

Ce jour-là, 11 novembre 1920, c'était un jeudi, des centaines de milliers de Parisiens s'étaient massés dans le brouillard et le froid, tout au long de l'itinéraire emprunté par le cortège officiel entre la place Denfert et l'Arc de Triomphe. Un défilé comme nul n'en verra jamais plus. En tête, les mutilés et les vétérans, les délégations d'Alsace-Lorraine, les Coloniaux, les drapeaux des deux guerres, puis juchée sur un char tiré par six chevaux, l'urne contenant le cœur de Gambetta, suivie du cercueil du Soldat inconnu placé sur une prolonge de 155 long. Avançaient derrière, le président de la République Alexandre Millerand, Poincaré, les chefs victorieux, Joffre, Foch, Pétain, Gouraud, Mangin, les ministres, les députés et les sénateurs...

Une cérémonie solennelle s'était ensuite déroulée au Panthéon aux sons de *la Marche héroïque* de Saint-Saëns et de l'*Hymne à la France immortelle* de Rabaud. Puis le cortège avait accompagné le Soldat inconnu à l'Arc de Triomphe où cent cinquante projecteurs et des feux d'artifice composaient un « soleil de gloire ». La foule pleurait, acclamait ses maréchaux, ses généraux, ses soldats dont ceux d'un bataillon du 33e régiment d'Arras...

C'est ce jour-là que le capitaine Charles de Gaulle et Mlle Yvonne Vendroux avaient choisi pour annoncer leurs fiançailles : une cérémonie toute simple entre parents et amis, une coupe de champagne, la remise d'un joli diamant de fiançailles et le premier baiser en public.

Dans les derniers jours de novembre, le Général regagne Londres. Les bombardements sont moins fréquents mais plus intenses. Un pilonnage massif. Il loue un appartement meublé au 15 Grosvenor Square, non loin de Carlton Gardens. Il est débordé. Le 8 décembre, il écrit à Yvonne : « Ma chère petite femme chérie... je suis honteux de ne t'avoir pas encore écrit. Ma semaine a été une terrible bousculade... » Il lui raconte qu'il a vu Philippe à Portsmouth à bord du *Théodore-Tissier*, et qu'il a pu lui parler quelques minutes. « C'est tout de même un choix hasardeux, observe-t-il, que d'entrer, en ce moment, dans la Marine française ! Mais quoi ? Que ferait-il de mieux ? » Il espère pouvoir venir pour le week-end : « Si tu as besoin que je t'apporte quelque chose de Londres, écris-le-moi. »

En fait, on le verra peu à Shrewsbury. André Gillois, citant Susan Raven, écrit : « Il ne rejoignait sa famille qu'une fois toutes les six semaines environ. Il arrivait généralement dans une grande Packard noire, conduite par le capitaine Jean Laurent. Parfois cependant il prenait le train, et M. Edwards l'attendait à la gare pour le conduire chez lui dans une Hillman bleu roi. M. Edwards se plaint encore de ne jamais lui avoir entendu proférer une parole. Au contraire, quand il conduisait Elisabeth à l'école, elle bavardait volontiers avec lui, comme tout le monde du reste. Il emmenait aussi Mme de Gaulle tous les quinze jours pour faire ses emplettes et chaque mois chez l'agent de location pour payer son terme. Elle n'eut jamais de voiture personnelle.

« Un soir d'hiver, le Général assista à un concert de variétés donné à Ellesmere par une division écossaise qui y était cantonnée. On le vit aussi suivre la messe dans une baraque de scouts, en tôle ondulée. »

A Londres, l'installation et la maintenance des

Français Libres occupent tous les instants du Général. Il espace ses visites à Ellesmere et demande plutôt à sa femme de le rejoindre. Le 6 janvier 1941, il lui accuse réception d'une lettre du 3. C'est sans doute qu'il n'avait pu se rendre au Pays de Galles pour l'anniversaire d'Anne et le nouvel an. « J'ai beaucoup à faire en ce moment et me trouve dans de grandes difficultés. Les Anglais sont des alliés vaillants et solides mais bien fatigants. » Il lui suggère de venir à la fin de la semaine. En mars, il rend l'appartement de Grosvenor Square. « Embrasse bien Philippe, Elisabeth et Anne, lui recommande-t-il. Bien des choses à Mademoiselle. » Pour une fois, il signe « ton mari », après lui avoir dit qu'elle était, non seulement sa chère petite femme chérie, mais encore son « amie, sa compagne si brave et si bonne à travers une vie qui est une tourmente ». Et, le 14 mars 1941, il part pour l'Afrique.

C'est de Brazzaville, en mai, qu'il lui fait part de son regret de n'être pas là le jour de sa fête : « Je penserai beaucoup à Yvonne. Sache-le même si cette lettre t'arrive après. » De Gaulle est partout : il inspecte la brigade Monclar en Erythrée, file au Caire où il harangue la 1re D.F.L. « L'affaire de Syrie » et ses tourments l'obligent à prolonger son séjour au Levant. Il retrouve des cités qu'il connaît bien : Beyrouth, Damas, Homs, Alep, Tripoli... Dans leur exil du Shropshire, sa femme et sa fille Elisabeth, penchées sur les cartes, s'efforcent de le suivre à la trace.

4

C'est le clan

Dans sa dernière lettre, le Général avait confié à sa femme : « En Orient, la partie devient très rude. » Yvonne de Gaulle l'imagine aux prises avec cette funeste « affaire de Syrie » qu'il appelle l' « épreuve décisive ». Elle connaît bien le Proche-Orient pour y avoir séjourné entre 1929 et 1931, avec son mari et les enfants.

Ils s'étaient embarqués, le 30 octobre à Marseille, sur le *Lamartine.* Au cours de la traversée, Charles avait écrit à son père pour lui décrire le voyage : « Nous voici au large du cap Matapan, et nous longeons la côte méridionale du Péloponnèse, tandis qu'au lointain, à notre tribord, nous apercevons la Crète.

» Nous avons avant-hier fait à Naples une escale d'une journée. Nous avons, le matin, Yvonne, moi-même, Philippe et Elisabeth, visité Pompéi qui nous a fort impressionnés. L'après-midi, musée des antiques et ascension au Pausilippe.

» Demain matin nous serons au Pirée et notre journée se passera à visiter Athènes. »

Au terme d'une agréable traversée, ils avaient débarqué à Beyrouth le 7 novembre. L'autorité militaire avait prévu pour eux un hébergement provisoire et, avant même de prendre ses fonctions, le haut commandant eut à se mettre en quête d'un domicile convenable. Quelques jours plus tard, un riche Libanais, M. El Wehbé, lui proposait, pour un loyer annuel de soixante-dix livres turques, le premier étage d'une belle maison de la rue Tadmor (aujourd'hui 268, rue du Chouf) dans le quartier de Karakol Druze. L'appartement comprenait un salon à colonnades de marbre, quatre grandes pièces et une véranda.

Le 21 novembre, Charles de Gaulle donnait à ses parents quelques nouvelles de son installation : « Philippe est entré en huitième chez les Pères jésuites (dernière classe faite par les sœurs dans le collège. La septième est faite par un père.) Elisabeth commence à lire dans le très beau et ancien couvent des Dames de Nazareth. La petite Anne se porte bien et fait quelques progrès. Yvonne est pleine de courage et contente de l'ensemble. »

Depuis le 12, il avait pris ses fonctions de chef des 2e et 3e bureaux (Renseignements et Opérations). Deux semaines plus tard, des tournées d'inspection de nos garnisons l'appelaient à Alep, puis sur l'Euphrate, dans les postes de la frontière turque, à Damas, à Baalbeck, à Palmyre, à travers le Djebel-Druze. Dans une lettre du 26 novembre, datée d'Alep, adressée à « Ma petite femme chérie », il écrivait avec une tendresse insoupçonnée : « Je t'aime de tout mon cœur. Tout le monde ici me demande : “ Et Madame de G. n'a pas été trop impressionnée par cette entrée en campagne ? " Je réponds la vérité, c.-à-d. " non ", et je pense à part moi qu'elle l'a peut-être été mais qu'elle est si brave et courageuse qu'elle a fait semblant d'être contente... Jamais je n'oublierai combien tu m'as soutenu et dans un moment en somme difficile... »

Peu à peu, leur vie s'organisait, calme et tranquille. Cinquante ans après, Mme Hélène Camille Wehbé la femme de leur propriétaire, a confié ses souvenirs à *La Revue du Liban :* « De Gaulle était matinal et se rendait à pied au Grand Sérail. Il était aimable et plein de largesses. Les de Gaulle sortaient très peu, recevaient rarement. Mme de Gaulle était presque invisible (trop occupée à soigner sa fille Anne malade). On ne la voyait que le dimanche. A onze heures avec son mari, elle se rendait à la messe des Capucins à l'église Saint-Louis. Les de Gaulle n'avaient pas de voiture et c'est un taxi de louage appartenant à un certain Toubia qui conduisait Philippe chez les jésuites et Elisabeth chez les sœurs... »

Charles de Gaulle ne croyait guère alors à la politique française pratiquée au Levant et ses voyages à travers le pays en compagnie du père Poidebard, chercheur à l'université Saint-Joseph, et du professeur Fabia, ne faisaient que confirmer ses analyses. Il s'en ouvrait d'ailleurs dans une lettre à son ami Nachin : « Le Levant, écrivait-il, est un carrefour où tout passe : religions, armées, empires, marchandises, sans que rien ne bouge. Voilà dix ans que nous y sommes. Mon impression est que nous n'y pénétrons guère et que les gens nous sont aussi étrangers (et réciproquement) qu'ils le furent jamais... Il y a un homme, et je crois, un seul qui comprenait bien la Syrie et “ savait y faire ” : c'était le colonel Catroux. C'est pourquoi il est parti. »

Ou encore : « Le Levant est toujours calme, si l'on peut qualifier ainsi l'état d'excitation perpétuelle des esprits orientaux quand il n'a pas de conséquences sanglantes immédiates. » Néanmoins, il appréciait le lointain passé qui l'interpellait à chaque pas. Après une visite sur les bords du Tigre, il confiait à son père : « Nous avons trempé nos mains dans ce fleuve, non sans quelque émotion. C'était, je pense, la première fois dans l'histoire que des soldats français y allaient en armes. Les Croisés, il est vrai, avaient poussé jusqu'à Diarbékir. » Yvonne, elle, se contentait de rêver d'excursions dans les montagnes à la recherche de fleurs rares et, surtout, de pèlerinages aux Lieux Saints de la Bible. Mais les soins aux enfants, en particulier ceux qu'exigeait l'état de la « pauvre petite Anne », ne lui permettaient guère de s'écarter de la ville. Toutefois, elle avait accompagné son mari jusqu'à la mer Morte.

Avec le recul, si on y songe, on s'aperçoit qu'elle s'était parfaitement accoutumée à un environnement auquel rien ne la préparait. Après avoir exploré son paisible quartier de Karakol Druze et fait l'inventaire des fournisseurs acceptables, elle s'était lancée à la découverte de Beyrouth. Jacques Vendroux raconte qu'elle fut amenée ainsi à aider un jeune abbé dynamique qui, en toute innocence, avait choisi d'héberger un groupe de pèlerins dans... une maison close. Son mari, heureusement bien informé, lui révéla la confusion et lui évita la catastrophe.

Tous les souvenirs de 1929, pour autant qu'Yvonne de Gaulle les ait longuement ressassés dans la solitude de la campagne galloise, se dissipent lorsqu'en juillet 1941 elle reçoit un courrier du Caire. Le Général écrit : « J'ai reçu tes lettres du 26 mars, du 7 avril (!), du 2 mai et du 19 mai. Elles m'ont fait beaucoup plaisir. Quant à moi, j'ai honte de t'avoir si peu écrit depuis mon départ… » De Gaulle a souligné à dessein, par un point d'exclamation, la date du 7 avril. C'est l'anniversaire de leur mariage. Vingt ans ont passé depuis la cérémonie. Le fiancé avait débarqué à la gare de Calais, une première fois le 6 février, dans la grisaille d'un glacial après-midi Piloté par son futur beau-frère, suivi d'un porteur chargé de sa valise, il découvrait le pont qui enjambe les bassins de la batellerie, puis un boulevard assez triste bordé de vieux becs de gaz, enfin le Grand Hôtel à peu près désert où une chambre lui avait été réservée. Un peu plus tard, en long pardessus croisé et feutre gris à bords roulés, il avait été accueilli fort cérémonieusement, au 19, rue de la Victoire, par les Vendroux. Et, avant le dîner, la famille lui avait ménagé un entretien en tête à tête avec Yvonne dans un petit salon.

Le lendemain matin, sous la conduite de Jacques Vendroux, Charles de Gaulle avait visité la ville en période de Carnaval « sans la gaieté d'autrefois », le port et la gare maritime où, deux jous plus tôt, Winston Churchill, venant de Paris, s'était embarqué pour Douvres, le Grand Théâtre qui affichait *La Reine joyeuse* d'André Borde et la place d'Armes avec sa tour du Guet. Puis, avant son retour à Paris, les Vendroux avaient tenu à le présenter à leur parenté et à leurs amis.

Une dizaine de jours plus tard, Yvonne, toujours accompagnée de sa mère, l'avait rejoint dans la capitale pour installer leur futur appartement. La crise du logement sévissait et *Le Figaro* le faisait observer sur le mode badin : « Trouver un domicile — N'est pas chose facile — Même avec des tas d'or — Locataires austères — Cossus propriétaires — Doivent coucher dehors. » Le choix s'était finalement porté sur un premier étage dans un pavillon isolé au 99, boulevard de Grenelle, près d'un lavoir au porche surmonté d'un drapeau tricolore en zinc, avec vue sur le métro aérien…

Le 22 mars, le capitaine de Gaulle avait demandé au Général commandant l'Ecole spéciale militaire de Saint-Cyr « une permission de trois semaines du 1er au 21 avril, à l'occasion de mon mariage et pour me rendre à Nice ». Jamais ses carnets personnels n'avaient été plus sérieux. On y relevait abondance de notations sur Hoche et quelques considérations inattendues sous la plume d'un officier qui s'apprêtait à convoler : « Les sous-officiers se marient et sortent des quartiers. Inconvénient pour la discipline. » Ou encore : « L'illusion, un couplet sur l'illusion nécessaire à la guerre comme à la vie, à l'amour, à la mort. »

Le 4 avril, c'était le grand jour ! Charles de Gaulle retrouvait Calais et le Grand Hôtel où sa famille devait le rejoindre. Tout était prêt pour la célébration d'un mariage auquel les Vendroux voulaient donner l'éclat qu'imposait leur situation dans la société calaisienne. Le moindre détail avait été arrêté : l'ordre du cortège, les menus, le contrat de mariage reçu par Me Deroy, le notaire de famille.

Le mariage civil avait été célébré dans l'après-midi du 6 avril. Un simple préliminaire, « une obligation volontairement minimisée par principe, le mariage religieux du lendemain étant considéré comme le seul valable ». On s'était rendu à la mairie pour être en accord avec la loi, rien de plus. Charles de Gaulle avec ses témoins, son frère aîné Xavier et son oncle Jules l'entomologiste, Yvonne Vendroux avec ses oncles Jules Richard le capitaine de vaisseau et Paul Gailly, plus une douzaine de proches parents.

Cette « formalité » à laquelle présidait Hans Apeness, un adjoint préposé aux mariages, aurait été vite expédiée sans le maire de la ville, Duquenoy-Martel, respectable septuagénaire et notable de l'industrie dentelière, qui tenait beaucoup à son discours de félicitations. Ç'avait été un grand moment d'éloquence municipale :

« Parmi les devoirs qui s'imposent à l'homme public souvent blâmé, toujours discuté... je ne sais rien de plus reposant et de plus réconfortant que d'unir, au seuil de la vie conjugale... deux êtres aimables qui seront bientôt, suivant la loi naturelle, les fondateurs d'une nouvelle famille.

» Mademoiselle Vendroux, vous avez hérité d'un nom envié qui, depuis 1703, fait très bonne figure dans la firme de notre plus vieille maison de négoce ; vos ascendants ont été les artisans de la fortune commerciale de notre vieux Calais ; votre père a continué brillamment les traditions familiales ; soit au Tribunal, soit au sein de notre conseil municipal, il a mis à la disposition de ses concitoyens les conseils éclairés de son expérience ; en un mot, il a fait œuvre d'homme, dans toute l'acception du terme.

» Votre mère, dont votre jeunesse aimante sut apprécier et imiter, au sein de la famille, la compassion et la bonté, fut au cours de la Grande Guerre, une des plus dévouées Dames de France, de celles qui, faisant passer le devoir avant toute considération de sauvegarde personnelle et de sécurité, demeurèrent en nos murs malgré les plus violents bombardements ennemis, secoururent les blessés du front dans nos hôpitaux et remplacèrent leurs propres mères au chevet de ceux qui moururent héroïquement pour la Patrie et la civilisation...

» Votre frère, digne émule d'une telle mère, fut officier dans les troupes combattantes et je conserve le souvenir d'une très belle cérémonie au cours de laquelle le général Ditte, alors gouverneur de la Place, épingla la croix de guerre à la fois sur la poitrine maternelle et sur celle de ce fils respectueux des vertus sucées dans le lait nourricier. »

L'éloge du marié avait été plus concis et précédait l'envolée finale :

« Jamais autant qu'aujourd'hui, notre France bien-aimée n'a eu besoin de cœurs vaillants et de caractères bien trempés ; sachez remplir votre rôle de continuateurs de traditions nobles et solides qui sont pour ainsi dire les colonnes robustes du temple de la société française. »

Jeudi 7 avril 1921 : « Le ciel est malheureusement au beau, par vent violent d'Est, annonçait le bulletin météo du jour, ce qui pourrait bien nous amener la gelée, résultat désastreux pour les pommes de terre et les fruits. » Dans la maison des Vendroux tout le monde était sur le pont : Yvonne, en robe de satin blanc à traîne avec voile et couronne de fleurs d'oranger, le marié, en grand uniforme bleu horizon, toutes décorations pendantes, les hommes en jaquette, les officiers, dont le lieutenant polonais de Medwecki, en uniforme et sabre au côté, les femmes en robe longue, Madame mère très élégante arborant un turban orné d'aigrettes noires.

Le cortège nuptial s'était ordonné selon la tradition. Dans la voiture de tête, les garçons et demoiselles d'honneur, puis Charles de Gaulle et sa mère, suivis des invités, tous très droits dans des landaus astiqués et quelques voitures automobiles. En queue, dans la limousine familiale, Yvonne et son père. Sur le parcours longeant la vieille tour du Guet et plus encore devant le parvis de Notre-Dame de Calais, les curieux s'étaient amassés.

Comme les familles l'avaient demandé, la cérémonie religieuse avait été célébrée par l'abbé Baheux sous la présidence de l'archiprêtre. Le repas de noce avait été confié aux meilleurs traiteurs de la ville, Torchy père et fils. Un menu dans la grande tradition bourgeoise : Hors-d'œuvre à la Parisienne — Saumon de la Loire, sauce vénitienne — Croustades de ris de veau Toulouse — Tournedos renaissance — Baron d'agneau à la broche — Cœur de laitue — Asperges d'argenteuil, sauce mousseline — Poularde à la Neva — Corbeille andalouse — Fruits — Desserts — Barsac, haut pomerol, pomard, white star, brut impérial. Les mariés avaient ouvert le bal par une valse et, presque aussitôt, s'étaient esquivés pour prendre le train de Paris.

Curieusement, ni *Le Phare de Calais* ni *Le Petit Calaisien* n'ont guère fait écho à cet événement mondain. Sur le mariage du capitaine de Gaulle et d'Yvonne Vendroux, rien d'autre que sa mention à la rubrique de l'état civil du 6 avec celles des mariages d' « Auguste Descottes, négociant, et de Jeanne Vanhelleputte, de Joseph Stopin, employé au chemin de fer, et de Marie Paux, de Maurice Andrieux, tulliste, et de Marie Goubelle, raccommodeuse en tulles. »

Après avoir passé leur nuit de noces à l'hôtel Lutetia, les jeunes mariés s'étaient embarqués, un 8 avril à éclipse de soleil, pour le lac Majeur, Pallanza et les îles Borromées. A l'un de ses camarades, Charles de Gaulle avait simplement écrit : « Je me suis marié avec Mlle Yvonne Vendroux (des biscuits). »

Lorsqu'elle reçoit la lettre du 2 juillet datée du Caire, Yvonne de Gaulle est coupée de tout contact avec sa famille. Elle ignore le sort de ses frères et de sa sœur. Charles, lui, a appris, depuis longtemps, la mort de sa mère décédée en juillet 1940. La séparation désormais est complète. De plus la position du Général s'est durcie par nécessité, au long des mois. Lorsqu'il est arrivé à Londres, le 17 juin 1940, et qu'il avait décidé de parler sur les antennes de la B.B.C., il mesurait certes, l'ampleur des épreuves auxquelles il lui faudrait faire face. Les imaginait-il aussi cruelles qu'elles l'ont été depuis ? Le ton de ses premiers télégrammes aux divers responsables de l'Armée et de l'Empire encore libres de leurs actes donnait l'impression qu'il espérait recueillir un écho favorable. A Noguès, par exemple, il ne proposait pas de le rallier mais de se placer, lui, de Gaulle, sous ses ordres, pour peu qu'il conservât la France dans la guerre. Tout porte à croire qu'à cette époque, le futur chef des Français Libres envisageait une légalité « résistante », incarnée par un homme politique de premier plan comme Georges Mandel, ou par un soldat de grade supérieur au sien. A l'un ou à l'autre, il aurait apporté son épée.

En ce qui concerne Pétain, sa distance avait été à la mesure de sa déconvenue. Il connaissait l'écurie du Maréchal pour, naguère, en avoir fait partie. Il se souvenait de la prise de position de son chef et de celle de Weygand contre les idées avancées dans son livre *Vers l'armée de métier*. Lorsqu'il les avait vus entrer, le premier dans le gouvernement de Paul Reynaud comme vice-président du Conseil et, le second, remplacer Gamelin au poste de chef des Armées, il n'avait pas partagé le sentiment de la majorité des Français, constitué par moitié de soulagement et d'espérance. Dans l'appel du 18 Juin, de Gaulle avait veillé à ne pas attaquer Pétain — Churchill, d'ailleurs, l'en avait prié. Ce n'est que le 24 qu'il l'avait interpellé par la radio, au-dessus de la Manche : « Monsieur le Maréchal, c'est un soldat français qui s'adresse à vous... »

Depuis, de part et d'autre, le ton avait monté. Les deux hommes ne parlaient plus de la même France, si bien que le vieux pays s'en trouvait coupé en deux.

Yvonne de Gaulle avait-elle présente à l'esprit

cette journée du 1er juillet 1925 où Charles avait reçu son affectation au cabinet du Maréchal, 4 bis, boulevard des Invalides ? La « maison Pétain » disait-on alors. Elle avait pour réputation d'ouvrir toutes grandes les portes de l'avenir aux officiers ayant quelque ambition ; cela pour autant que ceux-ci acceptent sans rechigner le rôle que le « patron » leur avait assigné. Ce que Pétain attend de De Gaulle, c'est qu'il poursuive et achève le travail d'écriture (de rédaction pourrait-on dire) qu'il lui a confié. Il s'agit de mettre à la disposition du Maréchal, en vue de la publication d'un ouvrage intitulé *Le Soldat,* son talent littéraire, son érudition *et* ses idées personnelles, pour autant qu'elles ne s'opposent pas à celles du signataire. En somme de lui fournir, avec une absolue discrétion, tous les éléments qui lui permettront d'ajouter la splendeur de l'écriture à la gloire du vainqueur de Verdun et... d'appuyer sa candidature à l'Académie française. C'était là une faveur exceptionnelle habituellement réservée à des officiers ayant le grade de colonel et de Gaulle l'appréciait comme il convient. D'autant plus qu'elle pouvait lui apparaître comme une revanche. Il s'était donc attelé à la tâche.

Yvonne de Gaulle, elle, rendait quelquefois visite à Mme Pétain. « Forcément, rapportera celle-ci, son mari appartenait au cabinet du Maréchal. Cela l'embêtait de venir autant que moi de la recevoir. Nous n'avions rien à nous dire. La conversation traînait, traînait. C'est une excellente femme, une très brave femme, effacée, discrète. Elle aime s'occuper des confitures[1]. »

Au « 4 bis », le maréchal Pétain ne cachait pas sa satisfaction d'avoir à son service un capitaine qui réponde si parfaitement à ce qu'il attendait de lui. Tout au long de l'année 1926, Charles de Gaulle a travaillé sans trop se surmener aux premiers chapitres du *Soldat* et accepté, avec une apparente docilité, les corrections qui y étaient apportées. Sa discrétion était exemplaire et on lui savait gré de ne pas publier ses travaux personnels pouvant porter ombrage au « patron ». En mars-avril 1927, il a d'ailleurs reçu la plus belle récompense dont il pouvait rêver : le Maréchal l'a imposé aux professeurs de l'Ecole supérieure de guerre pour un cycle de conférences auxquelles il assistera en personne. Les thèmes retenus répondent à la haute idée que le capitaine-conférencier s'est toujours faite du rôle de l'officier, comme « L'action de guerre et le chef », « Du caractère » et « Du prestige ». Le 3 mars 1927 il écrit à son père :

« La première conférence, que présidait le Maréchal, a fait une très grosse impression. Les partisans jubilent, les neutres font des sourires et les requins qui nagent autour du navire en attendant que je tombe à l'eau pour me dévorer se sont écartés à bonne distance. »

Ses relations avec Pétain demeurent bonnes. Mais ce serait mal le connaître de penser qu'il n'éprouve pas un agacement croissant devant les corrections que le vieil homme apporte à son texte du *Soldat*. Qui d'ailleurs vise-t-il d'autre

1. Raymond TOURNOUX : *Le Tourment et la Fatalité*, Plon, 1974.

quand, dans ses carnets personnels, il note : « Faire des phrases, n'y pas croire, et les admettre cependant est le principal caractère de ce temps » ? Plus tard il tirera la leçon de ces deux années passées : « Le Maréchal n'a jamais voulu reconnaître la différence qu'il y a entre un livre et une rédaction d'état-major. C'est pourquoi j'ai toujours pensé que cette affaire finirait mal. »

Il est probable que Pétain ressent, lui aussi, mais confusément, l'ambiguïté de leur collaboration et qu'il soit décidé à y mettre un terme en respectant les formes. Comment expliquer autrement, qu'en septembre 1927, alors que de Gaulle vient d'être nommé chef de bataillon, il accepte de s'en séparer avant que le travail en cours ait été achevé ? On invoquera l'obligation du « temps de commandement », mais un maréchal de France pouvait fort bien décider de le reporter « vu les nécessités du service ». En fait, il s'agit bien d'une séparation dans les règles, de Gaulle recevant en cadeau une affectation enviable : au 19e bataillon de chasseurs dépendant de la 9e demi-brigade de l'armée du Rhin et tenant garnison à Trèves. Avec, en prime, pour occuper ses loisirs, la poursuite de la rédaction du « pensum » du Maréchal.

Pour Yvonne de Gaulle, le temps de l'attente, du silence, de la maturation paisible, en confidente des idées de son génial et impatient mari va prendre fin. Elle a mis au monde deux enfants, participé de son mieux et à sa juste place, aux travaux et aux jours d'un officier ombrageux en quête de sa propre route. Sa vie a davantage ressemblé à celle d'une femme de fonctionnaire de bon niveau qu'à celle d'une épouse de militaire. Désormais tout va changer : elle va vivre ce qu'elle se refusait d'envisager quand elle était jeune fille : l'existence errante d'une femme de commandant ballottée, au hasard des affectations de son mari, de garnison en garnison.

...Et la voici, à présent, à Londres. Elle attend. Comme toujours. Si les années écoulées lui ont appris la patience, 1941 l'a astreinte à la sérénité. Que faire sinon accorder une absolue confiance au Général, alors même que de tous côtés, on le dit discuté, menacé, contesté ? Elle ne sort guère, sait peu de chose. Sans doute a-t-elle retenu les quelques mots griffonnés voici quatre mois « une heure avant de partir » : « En tout cas, quand je reviendrai... il fera beau autour de ta maison de Gadlas... »

Tout au long du mois d'août où les fleurs foisonnent dans les jardins, elle espère sa venue. En fait, il ne rentre que le 1er septembre pour aller, aussitôt, s'installer au dernier étage de l'hôtel Connaught. La capitale britannique est dévastée, des quartiers entiers ne sont plus qu'amoncellements de ruines, dans le centre seule une maison sur dix a été épargnée. « Durant la nuit du 10 mai, un seul raid fit 1 436 morts et 1 792 blessés grièvement. L'abbaye de Westminster, le palais de Justice, le ministère de la Guerre, la Tour furent frappés, 250 000 livres brûlés au British Museum, et sur la route de la City une réserve de gin évaluée à cent mille livres sterling fut la proie des flammes. Il y eut en tout 2 200 incendies (...) Un tiers des rues du Grand Londres étaient un amas de décombres ; 155 000 familles étaient sans gaz, sans eau et sans électricité. Onze jours plus tard, les pompiers étaient encore à l'œuvre[1]. »

En ce mois de septembre 1941, les bombardements aériens ne sont plus qu'épisodiques et la vie à Londres est redevenue presque « normale ». Rien ne s'oppose donc au retour de Mme de Gaulle et d'Anne que le Général appelle toujours le « tout-petit » dans la grande banlieue de la capitale britannique. On s'y emploie et on prend en location un joli cottage entouré d'un jardin à Berkhamsted près de l'hôpital militaire français d'Ashridge Park, où le chef de la France Libre pourra passer ses week-ends. Selon André Gillois, le nouveau déménagement sera tenu secret car « Mme de Gaulle était à ce moment-là devenue très nerveuse, au point de croire qu'on avait mis un pistolet sur sa table, exprès pour l'effrayer ». D'autres sources n'excluent d'ailleurs pas qu'au cours de cette période le Général ait pu recevoir des menaces de mort.

La vie quotidienne des Londoniens est alors, plus que jamais, placée sous le signe du rationnement qui frappe le pain, la viande, les pommes de terre, les légumes, le poisson, les fruits, etc. Chacun a droit, par semaine, à 1 shilling 2 pence de viande (bœuf, mouton, veau ou porc) soit environ une livre, 115 grammes de bacon ou de jambon, 240 grammes de sucre, 240 grammes de graisse, 240 grammes de fromage, un litre de lait et, par mois, à 180 grammes de confiture et à 180 grammes de savon. En outre, des tickets et des « points » sont exigés pour le thé, le saumon en boîte, les pois cassés, et la plupart des produits con-

1. Angus Calder : *L'Angleterre en guerre, op. cit.*

sommables. Comme dans toute l'Europe en guerre.

Naturellement, les continentaux en exil jugent que la réglementation édictée par les insulaires manque de simplicité et constitue un défi à la logique. D'autant plus qu'elle n'est pas tempérée par la reconnaissance implicite du fameux « système D », qui scandalise tant n'importe quel bon citoyen britannique. Et que le Général lui-même n'admettait pas de ses compatriotes réfugiés à l'étranger... André Gillois, s'en fait l'écho :

« Il y avait à Londres un restaurant réputé. *L'Ecu de France,* dirigé par un ancien chef du Ritz et du Carlton : M. Herbodeau. De Gaulle fréquenta son restaurant comme tous les Français de Londres. Sans doute avait-il parlé de lui à son épouse puisqu'un jour elle lui téléphona : " Monsieur Herbodeau, j'ai besoin de votre aide. Pourriez-vous me procurer deux canards et une bouteille de cidre ? "

» Le brave restaurateur voulut faire plaisir à Mme de Gaulle et lui fit apporter en outre un magnifique rôti, pièce d'une grande rareté à Londres, où la viande était sévèrement rationnée. Lorsque le Général vit apparaître ce morceau de choix sur sa table, il fronça les sourcils et demanda :

» " Où avez-vous pris ça ?

» — Chez Herbodeau.

» — N'y allez plus jamais. "

» L'idée que sa femme ait pu avoir recours au marché noir l'indignait. Il ne pardonna jamais son geste au malheureux Herbodeau qui n'eut même pas l'occasion de se justifier [1]. »

1. André GILLOIS : *Histoire secrète des Français à Londres de 1940 à 1944, op. cit.*

Les restrictions britanniques touchent également le vêtement, mais les problèmes d'habillement n'ont jamais été de ceux qui préoccupent Charles et Yvonne de Gaulle. Lui ne quitte pas l'uniforme et l'Intendance y pourvoit. Il a eu d'ailleurs la chance de retrouver à Londres son tailleur militaire de jadis, Sydney Charles Johnson, qui lui confectionnera la tenue kaki réservée aux grandes occasions... Yvonne, elle, n'apprécie rien tant que les « petites robes » qu'elle coupe et coud elle-même sur des modèles classiques et indéfinissables sans se soucier de l'évolution de la mode anglaise.

Pourtant, à partir de 1942, Mme de Gaulle doit s'adresser à une maison de couture londonienne pour figurer avec plus d'élégance aux réceptions officielles. Le Général semble d'ailleurs avoir eu son mot à dire en ces occasions. Pierre Galante rapporte, qu'un jour, « saisi par la frénésie du modernisme », il dit à sa femme :

« Yvonne, il faut savoir marcher avec son temps. Demain, nous irons à une réception chez les Churchill, vous devriez vous faire couper les cheveux. »

C'était un ordre. Elle sacrifia son lourd chignon noir avec, sans doute, une larme de regret.

En fait, après deux années d'effacement, presque de réclusion, Yvonne de Gaulle sort timidement de l'ombre. Une fois encore elle a dû déménager pour ce qui sera sa dernière résidence d'exil. C'est une belle demeure du XVIIIe siècle — Frognal House — sur une colline boisée de Hampstead, dans la banlieue « internationale et intellectuelle », à une trentaine de kilomètres au nord-ouest du centre de Londres. La vie y est plus agréable, plus facile aussi. D'autant que les de Gaulle ont eu l'heureuse surprise de voir arriver Mme Bastide, l'ancienne cuisinière, qui a quitté clandestinement la France pour les rejoindre.

A Hampstead, le Général et sa femme reçoivent les compagnons de la France Libre, les personnalités évadées de France, quelques amis britanniques soigneusement choisis. Mais il est entendu que l'on reste « entre soi » car la conversation sur la guerre conduit toujours à l'évocation amère des difficultés rencontrées dans les relations avec l'allié britannique et surtout l'américain. Ce que traduit fort bien la réflexion désabusée de Susan Raven : « Ils étaient des insulaires comme seuls des Français peuvent l'être. »

Pourtant, Churchill en personne souhaite ardemment que de Gaulle sorte de sa réserve et se fasse mieux connaître du peuple britannique et, au-delà, de l'opinion internationale, c'est-à-dire américaine. Après maintes démarches, le Général accepte enfin de se prêter à une opération « publicitaire ». Non sans maugréer : « On veut me lancer comme une savonnette... » Le responsable choisi par Spears est un agent de publicité connu nommé Richmond Temple qui devra faire preuve de beaucoup de diplomatie pour mener à bien sa mission.

Il existe de nombreuses photographies du Général passant ses troupes en revue, prononçant des discours, inspectant ses unités navales, en Afrique, au Levant, avec le roi George VI, avec Churchill, etc. Mais ce que réclame le grand public c'est un de Gaulle au débotté, familier, au quotidien et surtout en famille. Tout ce qu'il abhorre, tout ce qu'il n'a jamais accepté : étaler sa vie privée. On ne saura jamais ce qu'il fallut de patience et de supplications pour qu'il accepte de recevoir un dimanche à Hampstead le photographe de Richmond Temple et se soumette à ses exigences...

D'emblée, les enfants ont été exclus du reportage. Anne pour des raisons évidentes, mais également Philippe dans son uniforme d'enseigne de vaisseau et Elisabeth en cheftaine. Il sera seul avec Yvonne. Et pas en pantoufles. Le malheureux photographe fera de son mieux pour en tirer une série « exploitable » qui aura le mérite d'être la seule qui ait été faite sur les de Gaulle dans leur intimité en Angleterre.

Documents extraordinaires par leur banalité même. Le Général pose en uniforme et on le sent d'une humeur massacrante. Yvonne est en robe à pois bleus, chaussures plates, encore coiffée en bandeaux avec chignon sur la nuque. On les prend sous tous les angles, dans chaque coin de la maison : de part et d'autre du piano, sous la pergola, sur un canapé, au coin du feu, dans l'embrasure d'une fenêtre, où de Gaulle regarde sa femme. Elle ébauche un sourire teinté de romantisme. Lui feint de lire tout naturellement son journal. Pseudo-images d'une vie quotidienne telle qu'on se plaît à l'imaginer. Enfin, on termine le rouleau à l'extérieur. On a demandé au Général de coiffer son képi. Sur l'un des clichés, il accorde une attention soutenue au gazon de la pelouse. Sur une autre, ils se regardent l'un l'autre en souriant. On dirait que soudain, en dépit de l'intrus, entre eux, le courant a passé...

5

C'est l'histoire

Le 8 novembre 1942 à l'aube, les troupes américaines appuyées par la Royal Navy débarquent en Afrique du Nord. De Gaulle qui n'a pas été mis dans le secret de l'opération explose : « J'espère que les gens de Vichy vont les flanquer à la mer. On n'entre pas en France par effraction. » A la B.B.C. il n'en lance pas moins un appel à tous les Français d'Afrique du Nord : « Levez-vous ! Aidez nos alliés ! Joignez-vous à eux sans réserves ! Ne vous souciez pas des noms, ni des formules ! » Les combats dureront trois jours avant que n'intervienne un cessez-le-feu débouchant sur une crise politique confuse et grave entre la France Libre et ses alliés.

A Alger, la situation est inextricable. Les Américains ont reconnu l'autorité de l'amiral Darlan qui s'affirme détenteur d'une délégation de pouvoirs du Maréchal. Parallèlement, ils fondent de grands espoirs sur le général Giraud qu'ils sont allés chercher clandestinement sur la côte provençale. C'est la mise en quarantaine de la France Libre et de son chef, une reconnaissance de fait de la légitimité du régime de

Vichy... L'inacceptable et l'impossibilité matérielle de s'y opposer. Le 12 novembre 1942, le Général en prend acte et câble à Catroux : « Je suis convaincu qu'après qu'aura passé ce fleuve de boue, nous apparaîtrons comme la seule organisation française propre et efficace. »

A Londres, Yvonne de Gaulle est plongée dans ce que le Général lui dépeint comme une « tragédie ». Sans doute est-elle assez désorientée par ses péripéties et ses rebondissements, mais il est sûr qu'elle partage l'amertume et les indignations de son mari devant les trahisons américaines. Elle ne sait où ces imbroglios politiques vont mener ni comment son grand homme pourra en sortir, mais le moment serait mal venu de cultiver le doute. Avec sérénité, elle prépare la fête de Noël en son cottage de Hampstead. Avec les mêmes gestes, les mêmes attentions que jadis, mais sans la messe de minuit à Sion et le réveillon avec toute la famille réunie. Un peu comme lorsque le Général écrivait à sa mère en 1936 : « Il nous faut tâcher de s'abstenir ces jours-ci de toutes les préoccupations et de tous les soucis qui nous assaillent en cette dure période. »

Ce Noël 1942 ramène toutefois à Alger. Le 24 décembre, Darlan est abattu par Fernand Bonnier de la Chapelle « qui s'était fait l'instrument des colères exaspérées qui mettaient autour de lui les âmes en ébullition ». Dès le lendemain, de Gaulle télégraphie au général Giraud que « l'attentat d'Alger était un indice et un avertissement et qu'il était plus que jamais nécessaire qu'une autorité nationale s'établît ». Il n'en obtiendra qu'une réponse évasive.

Giraud ! Pour de Gaulle, c'est loin d'être un inconnu. Leurs routes se sont croisées, cinq ans plus tôt, à Metz. En juin 1937, le colonel de Gaulle avait été affecté au commandement du 507e régiment de chars de combat en remplacement d'un colonel qui, disait-il, était « le plus bête de l'armée française ». Dans sa désignation à cette unité, il y avait sans doute quelque malice comme le lui laissait entendre un de ses « amis » : « Vous nous avez assez embêtés avec le char-papier. Nous allons voir ce que vous tirerez du char-métal. »

Metz était alors la première ville de garnison de France. Dans le perpétuel va-et-vient des affectations, l'arrivée d'un nouveau chef de corps nommé Charles de Gaulle était passée pratiquement inaperçue. Sauf pourtant à l'état-major de la place où le général Giraud, gouverneur militaire, qui connaissait déjà ses idées « hérétiques » se promettait de le tenir à l'œil. Entre ce brave soldat de belle prestance et le nouveau colonel féru de guerre mécanisée qui fréquente des hommes politiques le conflit était inévitable.

De Gaulle a installé ses « cantonnements » au 1, rue de la Vacquinière à Montigny-lès-Metz. C'est une grande villa de style très germanique, entourée d'un petit jardin planté de fleurs, dont il a loué le rez-de-chaussée. Sa famille l'y rejoint en septembre. Chaque matin, sanglé dans son uniforme et portant gants blancs, le colonel se rend au quartier Lizé par le tramway qui suit la rue Franiatte et il descend toujours à l'arrêt précédant l'entrée principale, pour donner au chef du poste de garde qui guette son arrivée le temps de rassembler ses hommes et de lui rendre les honneurs réglementaires.

A son régiment, il a donné pour devise : « Toujours le plus ! » et ce n'est pas là une formule creuse. En deux phrases, Edmond Pognon dit le climat qui y règne : « Le matériel vrombit, le personnel halète. Le colonel est partout, surgit à toute heure du jour et de la nuit, organise des exercices, mène les revues à une allure endiablée. » De Gaulle lit et annote tous les rapports, multiplie les notes de service et les inspections. Les officiers sont sur les dents et s'esquivent dès qu'il apparaît dans la cour du quartier, mais il les traque et les débusque : « Allez me chercher cet imbécile de capitaine qui se sauve chaque fois qu'il me voit ! »

Yvonne de Gaulle avait organisé la vie quotidienne au logis de la rue de la Vacquinière pour le plus grand bien-être du maître de céans et selon les bonnes règles du partage des tâches de chacun. Elle s'était réservé, comme toujours, les achats et les menus préparés avec l'aide d'une excellente cuisinière. C'est elle seule qui, chaque jour, lavait et faisait sécher sur des mains de bois les trois paires de gants blancs qui étaient alors la coquetterie de son mari. Quant à l'ordonnance Larzillière, héritée du général Delestraint, sa responsabilité était limitée à l'entretien des bottes, des uniformes et de la petite voiture personnelle du colonel. Un train de maison sans fantaisie ni laisser-aller.

Hors leurs obligations « professionnelles », les de Gaulle menaient à Metz une vie retirée. Ils ne tenaient pas, d'évidence, à entretenir des relations étroites avec les officiers supérieurs de la garnison. Et, de leur côté, ceux-ci préféraient éviter de se compromettre aux côtés d'un colonel qui sentait un peu le soufre et, surtout, qu'on savait peu en faveur auprès du général Giraud. Restaient les civils. Peu communicatifs comme le sont les Lorrains, ils n'avaient guère de contact avec le militaire. Toutefois Charles de Gaulle appréciait la compagnie de Félix Peupion, maire de Montigny-lès-Metz, qui l'accompagnait souvent le matin sur le chemin du quartier Lizé.

Une ombre pesait d'ailleurs très lourd sur la vie privée du couple : Anne. Chaque soir, le père la prenait sur ses genoux et, une heure durant, tentait désespérément de faire naître dans ses yeux une étincelle de joie. Le jardin botanique était à deux pas. A la belle saison, après sa fermeture nocturne au public, le gardien leur permettait d'y faire une promenade à l'écart des regards indiscrets. Seuls instants pendant lesquels le haut colonel abandonnait réellement sa cuirasse d'impassibilité, révélant une tendresse infinie qu'on ne lui soupçonnait pas.

L'importance que le colonel donnait à la formation de ses officiers se traduisait alors par des invitations personnelles à son domicile. Non pour les entretenir de problèmes de service, de mécanique ou d'intendance, mais pour propager ses idées sur le caractère, le prestige, le commandement, la guerre. Et aussi pour de véritables cours d'initiation aux « bonnes manières » qui mettaient au supplice les vieux capitaines sortis du rang. Sans doute visait-il parfois un peu haut, mais il avait conscience de leur imprimer *sa marque*.

La garnison de Metz avait ses mondanités de

tradition auxquelles les officiers du 507e étaient tenus d'assister. Le colonel y veillait personnellement et contrôlait leur tenue et leur comportement comme à l'exercice. Aucune dérobade n'était tolérée. A un jeune sous-lieutenant désargenté bredouillant des excuses, il avait dit simplement : « Je vois ce que c'est. Ma femme s'occupera de la robe de bal de la vôtre. Compris ? »

Les sous-officiers, les conducteurs de chars, instruits aux secrets de leur mécanique compliquée n'étaient pas oubliés. De Gaulle connaissait leur attachement à leurs engins, leur esprit d'équipe, leur débrouillardise. Sa marotte était de compléter leur instruction générale, notamment en français. On racontait, au mess du « 507 », l'histoire de ce sergent, dont les frasques ne se comptaient plus, qui bénéficiait de l'indulgence persistante du colonel et avait même été encouragé par lui à préparer le concours d'entrée à Saint-Maixent… parce qu'il révélait un joli brin de plume.

Quatre ans plus tard, que sont-ils devenus ces officiers, sous-officiers et chasseurs auxquels leur colonel avait donné la fierté de leur régiment ? Combien sont captifs dans les Stalags et les Oflags d'Allemagne ? Combien sont entrés dans l'armée d'armistice ou ont rejoint la Résistance ? Et que sont devenues leurs épouses à qui Yvonne prodiguait ses « bons conseils » ou chez qui elle allait présenter ses félicitations à l'occasion de la naissance d'un enfant ?

Aujourd'hui, ce sont des souvenirs amers que ravive l'irruption du général Giraud sur la scène algérienne. Entre le gouverneur militaire de belle allure aux superbes moustaches et le haut colonel froid et distant l'animosité avait été immédiate les occasions de friction n'avaient d'ailleurs pas manqué. De Gaulle bafouait allégrement les règles sacro-saintes du *Kriegspiel* en appliquant lors des grandes manœuvres ses conceptions propres sur l'utilisation des unités de chars. Giraud en était resté au « règlement de l'infanterie » de la guerre de 1914-1918 et ne s'écartait pas d'un iota de la doctrine de l'état-major.

Des événements malencontreux avaient, de surcroît, ajouté à la tension entre les deux hommes. En particulier, un jour de défilé quand le tir à blanc de quelques chars du 507e avait semé la panique dans la cavalerie, désarçonnant pêle-mêle hommes et officiers. On n'avait jamais connu la vérité. Mais certains y virent une manifestation de mauvaise humeur à l'endroit des cavaliers qui n'auraient pas salué comme il se devait l'étendard du « 507 » ! Toujours est-il que Giraud n'avait pas pardonné. De Gaulle n'oubliait pas ses apostrophes qui commençaient inévitablement par : « Mon petit de Gaulle... tant que je commanderai ici... » et s'achevaient par des remontrances sans appel.

Metz, c'était aussi, le 30 septembre 1938, « la stupidité des badauds qui acclamaient l'abandon de Munich » et les réactions de ses propres soldats qui avaient fleuri leurs chars pour célébrer le « sauvetage de la paix ». Un moment de fureur et de honte pour le colonel qui, plus glacial que jamais, s'était exclamé : « Messieurs, on ne pavoise pas quand on vient de recevoir une gifle ! » et, en punition de cette inconséquence, n'avait ramené son régiment au quartier qu'à la nuit tombée.

Trois jours plus tôt, son dernier ouvrage *La France et son armée* était sorti chez Plon. Sait-il seulement, aujourd'hui, que les autorités judiciaires de Vichy viennent d'effectuer chez l'éditeur une saisie des droits d'auteur sur cet ouvrage qui, comme les précédents, a été interdit et retiré des bibliothèques publiques ?

Tout au long des cinq premiers mois de 1943, il ne quitte Londres que pour un voyage éclair à Casablanca et une rencontre décevante organisée par Roosevelt et Churchill. C'est dans cette période difficile que son habileté manœuvrière est, le plus, mise à rude épreuve. Rongeant son frein, il laisse mûrir la situation à Alger et, à l'occasion, y infiltre quelques ferments. Dans le même temps, il s'assure le soutien sans ambiguïté de l'ensemble des mouvements de résistance en France désormais entièrement occupée par l'ennemi. Un atout maître dans la partie qui l'oppose aux « barons » du Maréchal soutenus par les Alliés.

Et Yvonne ? Est-elle tenue au courant, jour après jour, des développements de cette crise politique ? Et, à supposer qu'elle le fût, que peut-elle bien penser de ces imbroglios et de ces machinations ? Sans doute qu'une fois encore, son mari se heurte à ceux qu'il qualifiait, vingt ans plus tôt, de... « ces cons de l'Ecole de guerre » qui continuent de se réclamer du Maréchal « cette vieille ficelle ». Et aussi que ces tourments le rendent plus irritable qu'il ne l'a jamais été !

Les mois qui passent confirment les analyses

du Général. Les Américains qui appréciaient tant la « simplicité politique » de Giraud, le trouvent d'une « naïveté désarmante » et commencent à s'interroger. S'il est encore hors de question de le lâcher, on souhaite maintenant qu'intervienne au plus vite un arrangement entre lui et de Gaulle. Pour l'épauler et le conseiller, les services spéciaux américains ont d'ailleurs fait évader de France le général Georges qui arrive à Alger le 20 mai.

Le 30 mai, de Gaulle débarque à l'aéroport de Boufarik où le général Giraud l'accueille fort aimablement, et s'installe à la villa *Les Glycines.* Jacques Soustelle a dit dans quelles conditions :

« On en était encore à la phase d'organisation et l'on sortait à peine des jours d'extrême pression où l'on s'attendait d'une heure à l'autre à ce que Muselier fît quelque coup d'éclat. La maison était un bric-à-brac de meubles, de bibelots, de papiers et de machines à écrire ; beaucoup de gens y dormaient encore sur des lits de camp que l'on repliait dans la journée. Cela tenait du fort Chabrol et du quartier général en opérations. Au rez-de-chaussée, Palewski, de Courcel et Charles-Roux maintenaient à grand-peine un peu d'ordre autour du petit salon où le général de Gaulle travaillait imperturbable par une chaleur de 40 °[1]. »

C'est le début d'une partie difficile. Conscient de son isolement dans cette Afrique du Nord tout à la fois antiallemande, pétainiste et giraudiste, de Gaulle déclare à Louis Joxe qui a immédiatement rallié son camp : « Dites-moi donc,

1. *De Londres à Alger 1940-1942,* Robert Laffont, 1947.

n'éprouvez-vous pas de la difficulté à suivre un homme qui possède des états de service, mais pas d'état civil, qui sort de l'Action française, qui déteste Roosevelt, qui en est détesté, qu'on dit tout à la fois ami et adversaire de Churchill et suppôt des Russes[1] ? » Trois ans après l'appel du 18 juin, il est encore sans illusions sur la singularité et l'inconfort de sa situation ! Mais les maladresses à répétition du général Giraud avec qui il partage la présidence du Comité français de libération nationale ne tardent pas à lui rallier des chefs militaires comme Juin et Monsabert, et des personnalités aussi éminentes que Monnet, Couve de Murville, Vincent Auriol...

Deux semaines après son arrivée à Alger, de Gaulle sait qu'à plus ou moins longue échéance la partie est gagnée et il mande à sa femme qu'elle ait à le rejoindre sans plus attendre. Une villa a d'ailleurs déjà été retenue à son intention. Le 22 juin, Yvonne de Gaulle est reçue en audience privée à Buckingham par la reine. Quelques jours plus tard, elle embarque dans un *Lancaster* de la Marine à destination d'Alger avec Anne terrifiée par cet engin inconnu, la bonne Marguerite Potel qui dissimule mal son angoisse et Mme Bastide la cuisinière. A quelques jours près, son exil en Angleterre aura duré trois ans. Et l'Algérie c'est déjà presque la France.

Dans ses *Mémoires de guerre,* le Général écrira : « J'ai établi ma résidence à la villa des *Oliviers,* où ma femme m'a rejoint, ainsi qu'Anne dont l'état de santé nous attriste toujours autant et, bientôt, Elisabeth revenue d'Oxford pour

1. Louis JOXE : *Victoires sur la nuit*, Flammarion, 1981.

servir au bureau qui dépouille la presse étrangère. Quant à Philippe, il continue de naviguer et de combattre dans la Manche et l'Atlantique. Aux *Oliviers,* le soir, je m'efforce d'être seul pour travailler aux discours qui me sont une sujétion constante. Mais, souvent, nous recevons. Beaucoup d'hôtes étrangers et français nous font ainsi le plaisir de s'asseoir à notre table ; les menus étant, d'ailleurs, très courts, car le rationnement doit s'appliquer à tout le monde. Il arrive que nous passions le dimanche dans une petite maison de Kabylie. »

Pour Yvonne de Gaulle, c'est enfin le retour à une vie de famille normale. Le Général part très tôt le matin à son bureau des *Glycines* ou à l'Assemblée consultative, rentre à la maison pour le déjeuner de midi et passe une heure avec Anne avant de reprendre sa tâche. Il écrira d'ailleurs : « Par goût et par convenance ma vie privée est très simple. » Dans sa grande villa blanche de style mauresque entourée de fleurs, Mme de Gaulle redevient une maîtresse de maison « comme avant », retrouvant de surcroît, après les brouillards anglais, un ciel et des paysages lumineux qui lui rappellent ceux qu'elle découvrait au Levant dix ans plus tôt.

Le 4 août 1943, elle envoie à son fils Philippe une photographie des *Oliviers :* « Voici une vue, de côté, de la maison que nous habitons ; comme je te l'ai déjà écrit nous avons une vue splendide sur la rade, le mouvement des bateaux est une distraction, et nous pensons à toi en voyant les petits et gros bateaux manœuvrer. “ Ton père comprend ton désir de changement, mais il trouve qu'étant donné la tournure que prend la guerre ce n'est pas le moment de changer pour les mois à venir. Tu as vu les dispositions qui ont été prises pour le gouvernement et pour le commandement, ton père pense que ce sont les meilleures possibles dans les circonstances actuelles — naturellement les F.F.L. demeurent ce qu'elles sont, avec leur personnel, leur caractère propre, et leur Croix de Lorraine. " » Comme les guillemets l'indiquent, Mme de Gaulle transmet la réponse négative du Général à ce qui était une demande de mutation de l'enseigne Philippe de Gaulle. César se doit d'ignorer jusqu'à son fils de même que la femme de César se doit d'être irréprochable.

Aux *Oliviers,* il est sujet que l'on n'évoque jamais sans angoisse. Celui du sort des membres de la famille restés en France dont on n'a peu ou pas de nouvelles. Le beau-frère du Général, Henri Cailliau, et sa nièce, Geneviève de Gaulle, ont été déportés et internés dans un camp de la mort en Allemagne. Tous ceux qui portent le nom de De Gaulle et de Vendroux sont menacés. Pour le Général, il est entendu que leur situation ne saurait en aucun cas influer sur ses décisions ou donner lieu à monnaie d'échange.

Evoquant l'attitude du Général sur cette question, Louis Joxe rapporte qu' « ouvrant, un matin, la séance du Comité de libération, il lit à ses compagnons de travail le message que l'ennemi lui a fait parvenir et qui menace personnellement les êtres chers que nous avons laissés en France. Hitler les condamne autant que nous ; il promet d'exercer sur eux ses représailles. Le Général donne à chacun le temps nécessaire pour évoquer son monde lointain, pour adresser une pensée aux innocents. Silencieux, il n'a jamais été plus proche de son équipe. Mais, jamais il n'oubliera...[1] »

Après de longues péripéties, la situation politique à Alger s'éclaircit. Le général Giraud prend conscience de l'inconfort de la situation dans laquelle il s'est mis et accepte de se retirer. Devant le Comité de libération, il reconnaît loyalement : « J'avais conçu le rêve de libérer mon pays, je me résigne et je renonce. Fort évidemment, je ne suis pas fait pour cette tâche... » Mais, au fil des mois, « le fardeau s'alourdit à l'excès » sur les épaules de De Gaulle. Il l'évoque dans ses *Mémoires de guerre :* « Maintenant, le but se rapproche, mais, à mesure, j'ai l'impression de fouler un terrain plus meuble, de respirer un air moins pur. Autour de moi les intérêts se dressent, les rivalités s'opposent, les hommes sont chaque jour plus humains.

» Dans mon bureau des *Glycines,* je pétris leur lourde pâte. Papiers à lire ; bien que mes collaborateurs immédiats : Palewski, Billotte, Soustelle, ne me présentent, par ordre, que l'essentiel. Décisions à prendre ; quoiqu'il s'agisse seulement des principales. Personnes à recevoir ; malgré le système que j'emploie de limiter les audiences aux commissaires nationaux, aux diplomates étrangers, aux grands chefs alliés et français, à quelques hauts fonctionnaires, aux messagers qui viennent de France ou qui y sont envoyés, à certains visiteurs de marque. »

A ce quotidien éprouvant s'ajoutent les voya-

1. Louis JOXE : *Victoires sur la nuit, op. cit.*

ges : « Pendant les quinze mois où mon poste sera Alger, j'aurai, indépendamment des réunions et des cérémonies qui ont lieu dans la capitale, passé cent jours en déplacement. En Algérie, visites aux villes et aux campagnes, inspections des troupes, des navires, des escadrilles. Au Maroc, quatre séjours. En Tunisie, trois. En Libye, un. En Afrique noire, une vaste randonnée qui me la fait parcourir tout entière. J'aurai trois fois traversé la Corse. Je me serai, à trois reprises, rendu en Italie pour y passer quelque temps auprès des forces en opérations. »

Yvonne de Gaulle assiste, impuissante, à l'altération de la santé de son mari et lui-même avoue « je ne sens que trop l'usure à laquelle me soumettent les fatigues et l'épreuve morale de ma tâche ». Au début de 1944, il tombe sérieusement malade et le bruit court de sa possible disparition. A l'épuisement s'est ajouté un sévère accès de paludisme, héritage de ses séjours en Afrique équatoriale.

Aux *Oliviers,* dans la vaste chambre ombreuse et silencieuse, Yvonne de Gaulle passe ses journées au chevet de son grand homme tour à tour grelottant de fièvre, claquant des dents, transpirant ou plongé dans la torpeur. Livré à sa merci comme jamais il ne le fut. Et, on n'en peut douter, malade insupportable n'admettant pas que sa « carcasse » l'ait trahi. Plus tard, il écrira simplement que les soins éclairés des docteurs Lichtwitz et Lacroix lui ont permis de « surmonter la crise ».

Sorti d'affaire, il part avec sa femme pour une courte convalescence dans une villa de Kabylie au-dessus de Thiers. A peine rétabli, sourd aux conseils de ses médecins, il regagne Alger pour reprendre en main les « affaires ». Plus intransigeant et dur avec lui-même que jamais, comme ulcéré de sa défaillance physique passagère. Il lui a été prescrit, à titre de suralimentation, un œuf à la coque chaque matin. Or, à cette époque à Alger, il n'est d'œufs qu'au marché noir et, comme jadis à Londres, il ne tolérerait pas qu'il y soit fait appel... Mme de Gaulle trouvera une solution au problème sans enfreindre le veto marital en allant acheter au Jardin d'essai deux poules pondeuses dont elle s'occupera personnellement... comme jadis à La Boisserie.

Colombey, ils en parlent, ils en rêvent. Le Général avouera plus tard à ses habitants qu'il y trouvait du réconfort : « Je n'avais qu'à me rappeler le monument aux morts du village et les noms qui y étaient inscrits... » Yvonne, elle, pense à « sa » maison qu'elle imagine saccagée, peut-être incendiée, par les occupants et se souvient de l'état du domaine de Sept-Fontaines recouvré en 1918. En fait, les Allemands ne sont plus à Colombey depuis deux ans. Leurs détachements traversent le village, parfois y cantonnent quelques jours et repartent.

Le 2 juin 1944, Churchill demande à de Gaulle de venir d'urgence en Angleterre et lui envoie son avion personnel. Le 4 au matin, il est à Londres et quelques heures plus tard dans le train spécial du premier ministre britannique près de Portsmouth. Entrevue capitale : le débarquement allié en Normandie est imminent. Mais plus houleuse encore que d'ordinaire : les Américains prétendent ignorer le Gouvernement provisoire de la République française proclamé la veille à

Alger. Pendant deux jours, la tension monte.

Le 6 juin à l'aube, c'est « le jour le plus long », l'assaut de la forteresse Europe, le début de la Libération. A six heures du soir, de Gaulle s'adresse aux Français : « La bataille suprême est engagée... Bien entendu c'est la bataille de France et c'est la bataille de la France ! Pour les fils de France, où qu'ils soient, quels qu'ils soient, le devoir simple et sacré est de combattre l'ennemi par tous les moyens dont ils disposent... » A Alger, bouleversée d'émotion comme tant d'autres, Yvonne de Gaulle est à son poste de T.S.F.

En écho, Pétain lui répond : « Français, n'aggravez pas nos malheurs par des actes qui risqueraient d'appeler sur vous de tragiques représailles. Ce serait l'innocente population française qui en subirait les conséquences. N'écoutez pas ceux qui, cherchant à exploiter notre détresse, conduiraient le pays au désastre... »

Un point final est mis au dialogue de sourds qui se poursuivait sur les ondes entre l'homme du 18 Juin et celui de l'armistice.

Le 14 juin, de Gaulle arrive à Bayeux libéré et pavoisé. Trois jours plus tard il rentre à Alger et, au cours des deux mois qui suivent, inspecte le front tenu par les troupes françaises en Italie, rend visite au pape Pie XII à Rome et, enfin, débarque à Washington le 6 juillet. Une partie difficile l'y attend. Roosevelt maintient ses préventions à son égard et réitère son intention d'imposer à la France « une ferme et bienveillante tutelle » dont l'A.M.G.O.T. sera l'instrument. Le Général se montrera aimable et Forrestal avouera : « Nous nous demandions si nous avions affaire à un ange ou à un diable. Nous avons retrouvé un homme. » Néanmoins ce n'est pas encore la grande réconciliation...

Enfin, le 20 août, de Gaulle débarque de son *Lockheed* à croix de Lorraine sur le terrain de Maupertuis près de Saint-Lô. Par la route, à petites étapes, il gagne Rambouillet. L'accueil qui lui est réservé devient un véritable plébiscite populaire. Une investiture dont il n'avait jamais douté

A la villa des *Oliviers*, Yvonne de Gaulle prépare ses bagages pour le grand retour.

6

C'est la Libération

Mme de Gaulle n'assistera pas à l'apothéose des 25 et 26 août 1944, avec l'arrivée triomphale du Général dans la capitale libérée, le discours du balcon de l'Hôtel de Ville, la descente des Champs-Elysées et le *Magnificat* à Notre-Dame. Dans la villa des *Oliviers* à Alger, elle en reçoit les échos radiodiffusés, puis des images et des lettres qui, malheureusement, n'ont pas encore été publiées. Comme toujours, elle attend l'ordre et les moyens de rejoindre sa nouvelle garnison : Paris. Nul doute pour elle que son mari y songe. Mais, pour l'heure, installé au ministère de la Guerre, il a d'autres priorités.

La Libération est en marche, la Victoire pour bientôt. Yvonne de Gaulle a connu une autre victoire, la fin d'un autre long cauchemar, des villes pavoisées et de la joie populaire le 11 novembre 1918. A Calais, dans la grande maison des Vendroux, on faisait le bilan des quatre années écoulées en louant le Ciel d'avoir été épargnés. Jacques, le fils aîné qui avait été blessé au Chemin des dames et fait prisonnier, avait pu s'évader et était déjà rentré au bercail. Les entreprises familiales avaient souffert mais la situation financière n'inspirait aucune inquiétude. Qu'en sera-t-il demain quand les Vendroux et les de Gaulle feront leurs comptes des morts et des destructions ?

Ce n'est que vers la mi-septembre que de Gaulle s'occupe de son logement privé. Dans ses *Mémoires de guerre,* il écrit : « Pour demeure, je n'ai pas voulu du palais de l'Elysée, marquant ainsi que je ne préjuge ni des institutions de demain, ni de la place que j'y prendrai. D'ailleurs le train de vie qu'imposerait au général de Gaulle et que coûterait à l'Etat l'installation à l'Elysée serait choquant au milieu de la misère nationale. Pour les mêmes raisons, je ne fais aucun séjour à Rambouillet. J'ai loué, à titre personnel, un hôtel particulier en lisière du bois de Boulogne sur le chemin de Bagatelle. »

Il s'agit d'une grande et belle résidence au 4, rue du Champ-de-l'entraînement, près du château de Madrid, que l'on désignera modestement comme « la villa de Neuilly ». Elle avait été réquisitionnée par les Allemands pendant toute la durée de l'Occupation et réclamait quelques travaux de remise en état, puis un réameublement qui, comme le Général l'a demandé, ne devra rien au Mobilier national. Dans la troisième semaine de septembre, Mme de Gaulle et ses deux filles, Anne et Elisabeth, y emménagent. A Claude Mauriac, qui lui rend visite quelques jours plus tard, elle confie : « Cette résidence est un degré au-dessus de ce que j'aurais aimé. » Néanmoins, dans le brouhaha de l'installation et des retrouvailles avec les membres de la famille, la vie quotidienne s'y organise comme le Général le souhaite : paisible et austère.

Il n'en dit d'ailleurs que quelques mots dans ses Mémoires : « Ces soirs d'hiver et de printemps, d'aimables hôtes étrangers et français viennent parfois s'asseoir à notre table. Après leur départ, mes veillées sont remplies par l'étude des dossiers, la rédaction de mes discours, l'examen, face à ma conscience, des recours des condamnés. Le dimanche, je me fais conduire dans une forêt proche de Paris pour y marcher quelques heures. » En fait, lorsqu'il ne parcourt pas les provinces libérées — et, en huit mois, il sera soixante-dix jours absent de Paris — il ne rentre pas chez lui avant vingt-deux heures et consacre fort peu de temps à sa famille, moins encore à ses amis.

La guerre continue sur tous les fronts et de Gaulle reste, avant tout, le chef de la France *combattante*. Selon la règle qu'il s'est fixée : « On ne mêle pas les femmes aux affaires de sang. » Comme à Londres et à Alger, Yvonne de Gaulle tient donc très exactement sa place et son rôle à l'ombre de son mari. A lui la Guerre et l'Histoire. A elle la garde du foyer et l'attente. Aussi, durant toute cette période de 1944 et 1945, sait-elle se rendre invisible. Certes, la villa de Neuilly est bien protégée des intrus, en particulier des journalistes et des photographes, par des militaires qui ne plaisantent pas avec le règlement. Claude Mauriac, alors secrétaire particulier du Général, relate les difficultés qu'il rencontra pour franchir le barrage, faute de connaître de mot de passe qui, ce jour-là, était « Moscou »...

Mme de Gaulle ne vit pas pour autant en recluse. Elle fait régulièrement des escapades dans Paris *sans être reconnue...* Ses buts de promenade ? Sans nul doute les quartiers où elle menait la vie effacée d'une femme d'officier subalterne. Le petit logement du boulevard de Grenelle où en 1921 elle faisait son apprentissage des tâches quotidiennes dans la grisaille d'une grande ville, avec l'aide d'une petite bonne pas très dégourdie et, chaque matin, celle de l'ordonnance du capitaine, un soldat venant de la caserne Dupleix pour assurer les gros travaux. C'est là, dans le grondement du métro aérien qui passait devant ses fenêtres, que son mari préparait ses cours et ses concours. Elle avait alors des « espérances », attendait un « heureux événement » en tricotant brassières et chaussons.

Cette année-là, en juillet, elle s'était installée à Sept Fontaines sous la surveillance attentive de sa mère et du gynécologue de la famille, le professeur Levy-Solal. L'été avait été le plus chaud que la France eût connu depuis 1795. Son mari l'avait rejointe et profitait de son séjour pour faire de longues randonnées équestres dans la région. En septembre, ils étaient rentrés à Paris et, le 28 décembre, ils accueillaient dans la joie leur premier enfant : Philippe. Charles en était très fier et confiait à son beau-frère : « Notre chère petite Yvonne va très bien et commence à pouvoir remuer dans son lit. C'est une bien dure épreuve, et il faut y avoir assisté pour s'en rendre compte... C'est, voyez-vous, un ordre de réflexions qu'on ne se fait habituellement pas avant l'expérience... »

Aujourd'hui Philippe a vingt-trois ans, et, avec

le grade d'enseigne de vaisseau, fait partie de l'unité de fusiliers marins de la 2e D.B. qui combat en Alsace. De son père, il a la haute taille, les attitudes, la réserve naturelle. Il fait de brèves apparitions à la villa de Neuilly et c'est par lui que l'on a eu les premières nouvelles de La Boisserie et de Colombey. Arrivé à Bar-sur-Aube, il a obtenu du général Leclerc l'autorisation de pousser une reconnaissance jusqu'au village. Avec deux jeeps et quelques hommes il s'est arrêté à l'auberge du Cheval blanc où le patron M. Poulnot lui déclare : « Tout est calme. Les Allemands sont partis. Mais avant de s'en aller, ils ont mis le feu à La Boisserie. »

Il continue sa route et, avec l'émotion que l'on imagine, retrouve la maison de son enfance complètement dévastée. Sans doute « visitée » en juin 40, vidée de tout ce qu'elle contenait en exécution du jugement du tribunal militaire de Clermont-Ferrand ordonnant la confiscation des biens du Général, enfin abandonnée aux troupes d'occupation. Le bâtiment a beaucoup souffert, toiture crevée, escalier de bois, portes et fenêtres brûlés. Mais les dégâts ne sont pas irréparables.

Informés de la présence du détachement, une dizaine de jeunes gens qui tenaient le « maquis » aux environs du village sont venus manifester leur joie aux cris de « Vive de Gaulle ! » Par eux, Philippe a appris qu'un mois plus tôt Colombey avait manqué de peu être le théâtre d'une tragédie. Un groupe d'Allemands en retraite faisaient tranquillement leur toilette à la fontaine quand ils furent pris sous le feu de combattants des F.F.I. arrivés à bord d'une camionnette. Deux soldats avaient été tués, les S.S. étaient venus à la rescousse. Vingt-deux hommes et quelques femmes pris en otages, emmenés à Chaumont, échappèrent par miracle au massacre.

Pour Yvonne de Gaulle, c'est enfin la certitude de retrouver la vieille demeure, le clocher et les maisons du village, les chemins et les bois. Dans le même temps, son frère Jacques lui a apporté la nouvelle que le château de Sept Fontaines, également dévasté, était toujours debout. Hélas, à Calais, de la maison natale de la rue de la Victoire comme de la vieille ville il ne subsiste qu'un amas de décombres.

A Paris, le passé est toujours vivant au 14, square Desaix, un bel immeuble bourgeois où elle habita un confortable appartement de cinq pièces au sixième étage, de 1921 à 1927. Le bruit du métro aérien n'y parvenait plus qu'assourdi et du balcon la vue plongeait sur un terrain vague occupé par quelques baraques de maraîchers, avec, toute proche, la tour Eiffel en arrière-plan. Le cadre a changé, mais les de Gaulle y ont toujours, au quatrième étage, un couple d'amis : les Ditte.

Ils se connaissent depuis très longtemps. Gustave Ditte est de la même promotion de Saint-Cyr et de l'Ecole de guerre que Charles de Gaulle. Quant à Christiane Ditte, elle était une amie d'enfance d'Yvonne.

Square Desaix, les deux capitaines se retrouvaient le soir pour parler métier ou discuter des problèmes brûlants. Les deux jeunes femmes que ne passionnaient guère ces sujets austères s'entretenaient de la santé et de l'humeur de leurs maris. « Nous étions leurs cadettes de dix ans et la Grande Guerre les avaient vieillis, dira

Mme Ditte. Ils nous voyaient un peu comme des “ mineures ”, nous nous considérions un peu comme leurs infirmières… » Elles échangeaient de bons tuyaux sur les achats dans les magasins et des recettes pour les maladies des enfants. Et, sans doute, évoquaient-elles les événements mondains qui font grand bruit dans les journaux et les extravagances de la mode qui scandalisent ou dont on rit.

Avant d'entrer à l'Ecole de guerre, de Gaulle et Ditte avaient dû effectuer un stage au 231e régiment d'artillerie à Trèves. Leurs épouses étaient du voyage. Christiane Ditte conserve le souvenir de leur séjour à l'hôtel Porta Nigra, de leurs flâneries dans la ville, de la timidité d'Yvonne un peu perdue en l'absence de son mari.

Le square Desaix avait beaucoup compté dans la vie de Charles et d'Yvonne de Gaulle. Leur fille, Elisabeth, y était née le 15 mai 1924. C'est là que la pensée du capitaine avait mûri et s'était développée en formules brillantes, là qu'il était devenu un écrivain militaire, là qu'il avait choisi « les sommets où il n'y a pas d'encombrements ». Elle en avait été le témoin un peu dérouté et ne le montrant pas. Jacques Vendroux notait alors : « Elle l'écoute avec une attention passionnée et ne se prive pas d'exprimer de temps en temps quelque réflexion pertinente, portant d'ailleurs beaucoup plus souvent sur les gens que la carrière de son mari l'amène à rencontrer que sur les événements et les projets. » Jamais elle n'avait douté que son mari ait été promis aux plus hautes destinées. Général en chef ou, qui sait, ministre de la Guerre ? Mais comment n'aurait-elle pas été alarmée par son intransigeance et ses exigences ?

Ce qui lui arrive, en cet hiver de la Libération, dépasse tout ce qu'une jeune femme de vingt-cinq ans aurait pu imaginer. Pourtant le capitaine qui remuait des idées et prenait le métro comme tout le monde est aujourd'hui une figure historique, un symbole, Jeanne d'Arc et Saint Louis… Alors qu'elle n'a pas changé ! Il prend des bains de foule, on l'acclame, on l'applaudit. Elle retrouve son cher *Bon Marché* et elle fait queue dans les magasins presque vides.

Le capitaine Guy, aide de camp volontiers en effervescence, et les représentants des services de sécurité sont dans les transes. Le courrier apporte chaque jour des menaces de mort et il traîne encore dans Paris une poignée de fanatiques qui, n'ayant plus rien à perdre, sont prêts à tout. De Gaulle refuse de les prendre au sérieux et braille : « Foutez-moi la paix une fois pour toutes, je ne veux pas que vous m'emmerdiez avec ces questions de sécurité. » Un point de vue partagé par sa femme qui ne dit mot, sourit et sème ses anges gardiens avec une facilité déconcertante.

Ses retrouvailles avec Paris, c'est aussi un coup d'œil en passant au 110, boulevard Raspail. Elle y vécut, de 1932 à 1937, dans un appartement de six pièces au deuxième étage, avec vue sur les arbres de la rue et sur la station de métro Notre-Dame-des-Champs. Des souvenirs heureux de vie paisible, bien réglée, avec des heures fixes de bureau et des repas pris en famille. Tout ce qu'elle avait toujours souhaité et que le destin lui mesurera si chichement. Son mari prenant chaque matin le chemin du secrétariat général du Conseil supérieur de la Défense nationale aux Invalides, Philippe celui du collège Stanislas tout proche.

Elle avait aimé ce quartier, les magasins bien approvisionnés de la rue Bréa et de la rue Vavin, l'église Notre-Dame-des-Champs et la première messe du dimanche matin où l'on se rendait en famille. Son mari avait été promu lieutenant-colonel et la vie sociale du couple devenait moins austère. Les réceptions boulevard Raspail s'étaient faites plus fréquentes. On y accueillait des amis de qualité dans le meilleur style : « Vous nous feriez le plus grand plaisir à ma femme et à moi-même en acceptant de venir dîner samedi prochain à huit heures (smoking). » La table y était de qualité, Mme de Gaulle y veillait avec le plus grand soin.

A cette escale parisienne demeuraient toutefois attachés les souvenirs des deuils familiaux. Henri de Gaulle, le père respecté qui, à quatre-vingt-quatre ans, corrigeait encore les textes que son fils ne manquait jamais de lui soumettre, était mort à Sainte-Adresse le 3 mai 1932. Puis, dans les mois suivants, avaient disparu M. et Mme Vendroux. Pour Yvonne, cela avait été une rupture avec tout un enracinement familial. Pendant une longue période, on avait vécu sous le signe du recueillement dans le souvenir des disparus comme il est d'usage dans les bonnes familles chrétiennes de province.

Au retour de quatre années d'exil, comment Mme de Gaulle n'éprouverait-elle pas un sentiment de solitude et d'isolement ? Des parents et des vieux amis sont morts, ceux qu'elle retrouve lui racontent ce qu'ils ont vécu sous l'Occupation, ce que fut leur vie quotidienne pendant ces années sombres. Paris est intact, mais les Français ont changé. Comme pour tous ceux qui arrivent de Londres ou d'Alger, les retrouvailles sont malaisées. De part et d'autre, on cherche un langage commun sans toujours y parvenir, et Yvonne de Gaulle est de nature peu loquace.

Georgette Elgey pose la question : « Pour les Français qu'est-ce que 1945 ? Une année kaki qui a goût de chewing-gum fabriqué aux Etats-Unis ? L'année du retour des prisonniers et des déportés ? L'année de Gaulle ? L'année de Maurice Thorez au gouvernement ? L'année du référendum avec les OUI et les NON pavoisant les murs ? L'année de la Victoire [1] ? »

Et pour le Général c'est quoi ? La Victoire, il n'en avait jamais douté et la journée du 8 mai avec la foule qui chante dans les rues de Paris, les cloches, les *Marseillaise,* est moins porteuse d'émotion que ne l'avait été celle du 26 août 1944. Sa victoire à lui, c'est d'avoir imposé la France comme partenaire à part entière à Staline cinq mois plus tôt, en attendant de l'imposer à Truman trois mois et demi plus tard. Certes, elle est incomplète et ne pas avoir été invité à la Conférence de Yalta lui est insupportable. Comme le devient la présence américaine et anglaise qui lui inspire des éclats en privé tel ce « Dites-vous bien qu'ils ne s'en iront que lorsque nous les foutrons dehors. »

Cette année 1945, c'est aussi pour lui de grandes heures. Celles qu'il passe à Strasbourg et

1. *La République des illusions,* Fayard, 1965.

à Metz : « Tout était beau et réconfortant. Voyez-vous c'est maintenant qu'il faudrait disparaître... » et celles d'une tournée dans les villes rhénanes occupées par les troupes françaises. Sur un plan familial, le retour de déportation de sa nièce Geneviève de Gaulle, agent de liaison du réseau Défense de la France internée depuis juin 1943 à Ravensbrück, et celui de sa sœur Marie-Agnès Cailliau emprisonnée avec son mari à Itter.

Enfin, 1945, ce sont surtout les tourments, les chagrins, les désillusions, les exaspérations, le découragement. De Gaulle a pris la mesure de son impuissance face aux querelles et aux combines des partis politiques renaissants. Certes, il l'emporte au référendum du 21 octobre 1945, mais ce sont eux qui l'emportent aux élections à l'Assemblée constituante. Il a compris qu'ils l'empêcheront de mener comme il l'entend les affaires du pays et refuse de s'enliser dans les jeux parlementaires. Les communistes qu'il voulait « noyer dans la démocratie » lui sont de plus en plus hostiles et l'accusent de dictature. Au fil des mois, la France redevient ingouvernable.

Mme de Gaulle recueille quotidiennement les échos des embrouillaminis politiques dont elle retient les mauvais coups portés à son mari. Ils ne peuvent la surprendre car elle est issue d'un milieu où la politique a fort mauvaise réputation. Le fardeau dont le Général s'entretient éventuellement avec elle est l'épuration et surtout l'exercice de son droit de grâce. On le sait par la confidence qu'elle fait à un familier dans les jours qui précèdent l'exécution de Robert Brasillach : « Il ne dort plus, c'est épouvantable » et, sa décision prise, par l'injonction qu'il lui fait : « Vous prierez, Yvonne... »

Toutefois, c'est le procès du maréchal Pétain qui, inévitablement, doit alourdir l'atmosphère dans la villa de Neuilly. Au-delà des aspects juridiques et politiques du procès en Haute Cour, comment n'y verrait-on pas l'épilogue de la longue querelle shakespearienne entre deux hommes, quelle que soit l'altitude à laquelle il faille la situer. Certes, le Maréchal est coupable d'avoir accepté la défaite et d'avoir fait condamner à mort celui qui la refusait, mais il avait ajouté, en privé, que la sentence ne serait, bien entendu, jamais exécutée. Aujourd'hui Pétain est en droit de penser que son ancien protégé n'oserait adopter une autre attitude à son égard. Il a toutefois des doutes et il lui arrivera de confier : « De Gaulle me fera fusiller. Vous ne le connaissez pas. Il est méchant. » Ce sont alors les souvenirs de l'affaire du *Soldat* qui surgissent du passé. De cette affaire, il a d'ailleurs ramené le dossier emporté dans ses bagages à Sigmaringen. Non pour en faire état dans les débats, « ce qui ne serait digne ni de moi, ni du général de Gaulle, ni de la France », avait-il déclaré à son avocat. Mais s'il en était besoin, comment ne pas y voir ce par quoi tout a commencé...

Le découragement a ses sources dans « ce peuple qui redevient indiscipliné, qui retourne au désordre, à la pagaïe, aux partis ». De Gaulle sait la lassitude des Français par les journaux et par sa femme qui circule partout, regarde, écoute, et, chaque soir, se fait l'écho de la sensibilité de l'opinion populaire qui grogne contre la pénurie interminable, les coupures de gaz et d'électricité, la hausse vertigineuse des prix, le marché noir. Mais, pour lui, ces « contingences » sont indignes de la France. En Conseil des ministres, il va jusqu'à en nier la réalité : « On me dit qu'on meurt de faim à Paris. Eh bien ! Ce n'est pas vrai. Le ravitaillement va bien. » A moins qu'elles ne lui suggèrent une boutade : « En 1944, les Français étaient malheureux, maintenant ils sont mécontents. C'est un progrès ! » Il n'empêche que ce progrès sent un peu la fin de l'état de grâce.

En bonne ménagère, Yvonne de Gaulle connaît, elle, les difficultés du ravitaillement, même si elle bénéficie des avantages de l'intendance militaire. Dans les magasins où trône le portrait de son mari, elle assiste à la distribution contre tickets des maigres rations de viande, de matières grasses, de pommes de terre. Sur les trottoirs elle remarque les vêtements élimés et les chaussures éculées. Tout ce que son mari, roulé dans les manifestations ou noyé dans les bains de foule, ne peut réellement découvrir. Ce qu'il ne peut ignorer, en revanche, ce sont les coupures de courant de huit heures trente à dix-sept heures, celles du gaz à partir de vingt heures trente, l'absence de chauffage, mais mesure-t-il ce que cela représente dans la vie quotidienne des Français ? Même quand, plus tard, il écrit : « Je me fais l'effet de Macbeth devant la marmite des sorcières »...

Tout compte fait, ce sont des retrouvailles manquées entre l'homme du 18 Juin et les Français. Pourtant qu'ils étaient beaux les jours qui avaient suivi la Libération...

7

C'est la traversée du désert

Novembre 1945 : « J'irai au Canada, je pêcherai des poissons et vous les ferez cuire. » En lâchant cette phrase sur le mode plaisant, de Gaulle avait laissé entendre à sa femme qu'il pourrait être amené par lassitude à abandonner les affaires de la République. Un mois plus tard cette idée d'un retrait de la vie politique a mûri.

Le 3 janvier 1946, Charles et Yvonne de Gaulle assistent au mariage de leur fille Elisabeth et du commandant Alain de Boissieu à la chapelle de Notre-Dame-de-Sion. Le lendemain, sans crier gare, ils partent, accompagnés de Pierre de Gaulle, pour Eden-Roc. Pendant dix jours, à la villa *Sous-le-vent,* le Général rumine ses pensées et relit Saint-Simon et le cardinal de Retz. On l'aperçoit marchant à longues enjambées sur la plage suivi à distance par son frère et sa femme. Au retour à Paris, le 14 janvier, sa décision est prise. Il l'annonce tout de go à son entourage : « Je m'en vais. » Et, devant l'incrédulité : « Oui, je fous le camp… »

Le 20 janvier 1946, au Conseil des ministres convoqué rue Saint-Dominique à midi, il le confirme officiellement. C'est irrévocable, il part... Impossible d'en douter, il regagne son bureau, entasse ses objets personnels dans sa serviette et rejoint immédiatement son domicile. Une fois de plus, Yvonne de Gaulle commence à préparer les bagages pour un nouveau déménagement. Il serait inconvenant, en effet, que l'on s'attardât dans la villa de fonction à Neuilly.

Dans ses *Mémoires,* de Gaulle écrira : « Où aller ? Depuis que j'envisageais la perspective de mon éloignement, j'avais résolu de résider, le cas échéant, à Colombey-les-Deux-Eglises et commencé à faire réparer ma maison endommagée pendant la guerre. Mais il y faudrait plusieurs mois. Je songeai, d'abord à gagner quelque contrée lointaine (s'agissait-il du Canada ?) où je pourrais attendre en paix. Mais le déferlement d'invectives et d'outrages lancés contre moi par les officines politiciennes et la plupart des journaux me détermina à rester dans la métropole afin que nul n'eût l'impression que ces attaques pouvaient me toucher. Je louai donc au service des Beaux-Arts le pavillon de Marly, que j'habitai sans bouger jusqu'en mai. »

L'entrée dans ce pavillon de Marly — traitée au prix de quinze mille francs par trimestre — est un peu un cauchemar. « Ils découvrent une demeure inconfortable, écrit Georgette Elgey. Le chauffage ne marche pas, les murs sont humides, la poussière recouvre les meubles. Dans le grand salon, le chauffeur du Général a posé, n'importe comment, les trois caisses de déménageur où les papiers du général de Gaulle ont été mis pêle-mêle. La malle où Mme de Gaulle a entassé batterie de cuisine et vaisselle est ouverte dans un coin de la pièce.

» Un journaliste de l'A.F.P., M. Pierre Viansson-Ponté, trouve de Gaulle en train de contempler ce décor :

» “ On se croirait à Longwood ! ” »

Pour Mme de Gaulle c'est une nouvelle plongée dans le provisoire. Comme elle a appris à le faire au cours de vingt-cinq années d'errance, elle n'en organise pas moins « sa » maison. Claude Mauriac la découvre le 8 février : « Il faisait encore jour lorsque l'auto qui était allée me prendre à la maison s'engagea dans une allée du parc de Marly. Ces perspectives royales me faisaient déjà croire à une retraite princière, lorsque je découvris, sur la gauche, un modeste pavillon que la hauteur des arbres dénudés qui l'entouraient faisait paraître plus petit encore. Trois ou quatre agents. Une lumière : la sienne peut-être. J'étais ému. Mon chauffeur m'ayant arrêté dans une petite cour j'entrai par une porte de service et me trouvai à l'office. Dans la pièce voisine, le dîner du général de Gaulle cuisait à petit feu dans des casseroles de cuivre. L'intimité que je surprenais ainsi me toucha d'autant plus que, je le compris tout de suite, je l'aurais aussi bien trouvée en entrant par la grande porte[1]. »

Marly, c'est l'insolite. Une somptueuse Cadillac, cadeau d'Eisenhower, est rangée dans une sorte d'étable désaffectée ouverte à tous les vents. Incongrue dans ce décor et trop voyante pour être utilisable. Plus loin, dans le jardin, une chèvre broute, attachée à son piquet. En fin de

1. *Aimer de Gaulle*, Grasset, 1978.

journée le Général vient lui apporter une brassée d'herbe fraîche... Il y a aussi les visiteurs, dont Vincent Auriol, qui croient devoir adopter un comportement de conspirateurs.

Il n'importe. A Marly, la vie de famille retrouve des racines et une densité qu'elle n'avait plus depuis juin 40. Charles et Yvonne de Gaulle y célèbrent leurs noces d'argent le 7 avril. Des parents de province leur rendent visite et égrènent leurs souvenirs. Ce pourrait être le retour à une existence calme et ordonnée à laquelle Yvonne aspire. Mais lui commence à s'ennuyer ferme. L'homme des tempêtes n'est décidément pas fait pour le pot au noir.

Un séjour à Sept-Fontaines, que Jacques Vendroux s'efforce de restaurer, calme un peu son impatience. Yvonne y retrouve avec une joie visible le cadre des jours heureux, les vacances d'été et les grandes battues d'automne qui étaient une occasion de ripailles dans la tradition des kermesses flamandes. Celle du 21 novembre 1931 notamment qui avait été mémorable. Les de Gaulle rentrant du Levant y avaient retrouvé les Vendroux entourés des oncles et des cousins de Charleville, des amis et des notables de Calais, tous passionnés de chasse.

Avec bonne humeur et une certaine application, ils s'étaient mis à l'unisson de cette assemblée. Charles n'est jamais parvenu à s'intéresser réellement aux péripéties des battues. Il y tient honorablement sa place, mais avec une sorte de détachement et sans rechercher l'« exploit ». De son côté, au milieu des autres femmes, Yvonne s'affairait à la préparation du repas en plein air tout en témoignant une certaine réserve devant le côté païen de la journée. Pourtant, dans la soirée, ils avaient, l'un et l'autre, participé à une sorte de mascarade improvisée : une parodie de cérémonie de mariage entre un quinquagénaire moustachu tenant le rôle de la mariée, tandis qu'une jeune femme tenait celui du marié. Yvonne en était la demoiselle d'honneur, son frère Jacques occupait la place du maire et un ami celle du curé. Le Suisse qui conduisait le cortège, alpenstock en main, n'était autre que... le futur chef de la France Libre !

Le 26 mai 1946, le Général, Mme de Gaulle, Anne et Marguerite Potel peuvent enfin quitter Marly pour Colombey où La Boisserie commence à être habitable. Une tour d'angle de forme hexagonale a été ajoutée au bâtiment et le chauffage central installé. Mais les premières semaines sont moroses. On campe dans des pièces où les travaux se poursuivent et le parc attend toujours d'être défriché. Claude Mauriac venu à Colombey début juin restitue le climat qui y règne. Le Général est de fort mauvaise humeur : « Nous le suivîmes en file indienne par d'étroits chemins détrempés, au travers d'un parc étouffé de feuillages mouillés... Parvenu au haut de la propriété, il nous fit admirer, mais sans insister, une vue de bois sévères, de pauvre et solitaire campagne. Un lourd chariot passait sur la route en contrebas et le vieillard qui montait nonchalamment le cheval de tête regarda le Général sans saluer... Et de nouveau la triste maison réapparut, avec son toit de tuiles, ses murs trop neufs et ce terrain ravagé de moellons et de glaise tout autour... »

A la mi-septembre, nouveau tour du propriétaire : « Nous pûmes admirer les embellissements accomplis : les allées sont maintenant dessinées avec rigueur et gravées, d'importants terrassements ont achevé de donner au jardin un air bien tenu. Il ne manque encore que les fleurs — ce sera pour l'année prochaine — et le lierre sur la maison. Arrivé à cette extrémité du parc qui permet d'apercevoir, au-delà d'un mur bas, un immense horizon de bois et de landes laissant deviner les lointains contreforts du plateau de Langres, de Gaulle nous désigne un petit bout de champ, juste de l'autre côté du mur et nous dit :

“ Voyez-vous, c'est là que je serai enterré. Ainsi je ne gênerai pas les habitants de la propriété — et les visiteurs pourront venir en pèlerinage sans déranger personne. ”

Bien des années plus tard, parlant de La Boisserie, le Général dira : « J'y restaure ma sérénité. » Pour l'heure, il y cultive sa rancœur et, sur tous les registres, se déchaîne contre la nocivité des partis, la dégénérescence des mœurs politiques, l'impuissance du régime, etc. — ... « Puis nous rentrâmes, poursuit Claude Mauriac. Et alors commença une longue, longue conférence où, si l'on excepte de brèves interruptions de Chaban-Delmas (et, tout à la fin de sa sœur Marie-Agnès et de moi) de Gaulle parla seul. Mme de Gaulle, assise sur une modeste chaise, tricotait, à son habitude, dans un recoin de la pièce. Il y avait aussi M. Cailliau, le beau-frère du Général, avec ce visage de brûlé vif, ce masque calciné, parcheminé, desséché, ces joues creuses et ces cheveux morts qu'ont encore la plupart des rescapés des camps de concentration[1]. »

Yvonne de Gaulle est heureuse. Elle vit le temps présent avec ses petits soucis ménagers et budgétaires, son jardin potager, son poulailler, et surtout ses fleurs. Son mari ne guerroie ni ne vagabonde : il écrit tout au long du jour et consent même, de temps à autre, à s'intéresser au remplacement des vieux arbres fruitiers du verger. Ses soliloques et ses diatribes du soir font partie du quotidien. Elle les écoute en silence et, on le sait, laisse parfois percer son amertume à propos de l'ingratitude des Français. A moins qu'elle s'efforce de son mieux de dissiper la morosité de son mari en l'entretenant du nom à donner au nouveau petit chat angora blanc, de la disparition d'une poule, des pucerons qui envahissent ses rosiers, de ces mille petits riens qui font le charme de la vie à la campagne... Et qui, visiblement, l'agacent...

Toutefois, de Gaulle n'est pas Cincinnatus. L'inaction lui pèse. Il se sent oublié, inutile. Ses discours de Bayeux, de Bar-le-Duc, de Brest, d'Epinal dont il attendait beaucoup n'ont pas eu tout l'écho espéré. A partir de février 1947, il reprend régulièrement le chemin de Paris et Yvonne l'accompagne. Dans le petit appartement de Jacques Vendroux, à l'angle de l'avenue Mozart et de la rue George-Sand, comme à l'hôtel La Pérouse où deux pièces ont été réservées, il accueille ses fidèles et ceux qui vont le devenir. Yvonne, elle, est tout heureuse de

1. *Aimer de Gaulle, op. cit.*

courir les soldes des grands magasins et les nouveautés de Vilmorin...

Désormais, par la force des choses et avec sa discrétion coutumière, elle sera, sinon associée à l'aventure politique de son mari, du moins le témoin admis aux premières loges. Le 30 mars, elle est à Bruneval, invisible dans le petit groupe des familiers alors qu'il s'adresse aux délégations de combattants de la Résistance. Bien entendu, elle est également là quand, le 14 avril, est annoncée la création du R.P.F. Pourtant, au milieu de tout ce brouhaha, elle demeure passionnément attachée à son refuge de La Boisserie.

A Colombey, on ne sait pas très bien quel « statut » il faut accorder à un concitoyen d'une dimension aussi peu commune. En 1946, on a donné son nom à une des quatre rues du village, la seule qui aura une plaque... Aux élections du 19 octobre 1947, sans l'avoir consulté, on l'élit au conseil municipal. Au premier tour de scrutin, par cent douze voix sur cent soixante-cinq votants en neuvième position sur les onze élus... Son refus sera enregistré au procès-verbal : « Le général de Gaulle, pour des raisons d'ordre national, n'accepte pas les fonctions de conseiller municipal. » Ce n'est pas, chez lui, marque de désintérêt pour les affaires communales. A l'occasion, il rend visite au maire, M. Louis Valleur, s'enquiert des travaux en cours ou en projet et y apporte souvent une contribution financière. Les anciens combattants de 1914-1918 ont sa faveur. Membre et président d'honneur de leur section locale, il assiste en uniforme à la célébration du

11 Novembre au milieu d'eux et participe régulièrement à leur assemblée annuelle de mai.

Le 30 décembre 1947, Charles et Yvonne de Gaulle se rendent à Poncin, une bourgade de l'Ain, pour assister au mariage de leur fils Philippe avec Henriette de Montalembert. Cinq semaines plus tard, le 6 février 1948, Anne leur troisième enfant âgée de vingt ans meurt d'une pneumonie. C'est un immense chagrin et la fin d'un long calvaire.

Elle était née à Trèves, le 1er janvier 1928. De Gaulle et sa femme y tenaient garnison depuis trois mois, le séjour dans cette petite ville allemande de la rive droite de la Moselle au pied de l'Hunsrück, s'annonçait plein de charme et d'intérêt. Le commandant a troqué l'uniforme bleu horizon de l'infanterie contre la tenue bleu jonquille des chasseurs et le képi contre la tarte, le grand béret de tradition, en prenant le commandement du 19e bataillon d'une unité d'élite. En outre, le passé de la ville, qui fut capitale du diocèse des Gaules, le fascinait et il découvrait ses habitants marqués par « l'âme de leurs ancêtres gaulois et francs ».

De son côté, Yvonne s'était installée avec plaisir dans un bel appartement de fonction et appréciait la situation géographique de la ville. La France était toute proche, Sept-Fontaines à cent cinquante kilomètres au plus. Elle éprouvait également un réconfort moral à se savoir en pays catholique avec des églises et une liturgie « comme chez nous ». Même habitées par des saints germaniques un peu exotiques comme ce saint Gandolfe fort populaire.

Sur un plan professionnel les choses n'avaient pas été faciles. Le haut commandant était apparu comme un intrus, imposé (on dirait aujourd'hui « parachuté ») par les « planqués » de l'état-major et protégé par la « maison Pétain ». Ses camarades de même grade étaient, pour la plupart, des braves sortis du rang, nommés au feu, mal préparés aux échanges d'idées. A un de ses amis, il dira en toute simplicité : « Dans toute cette garnison il n'y a que des imbéciles, sauf vous et moi. »

On lui reproche d'en faire trop, de se rendre insupportable par son goût du changement et en particulier par son mépris des traditions vestimentaires et autres. Il était jugé regrettable qu'il persistât à porter des gants blancs alors que la couleur chamois était d'usage chez les officiers de chasseurs. Quand il prit la décision, dans son unité, de faire porter le béret à droite et non plus à gauche, ce fut une levée de boucliers. Un scandale lorsqu'il prétendit réduire la cadence anormalement élevée du pas de tradition et changer la position haute du coude dans la présentation des armes...

Nombre de ses supérieurs hiérarchiques, qui ne l'aimaient guère, n'attendaient qu'une occasion favorable pour le faire trébucher. Son bataillon ayant été très touché par les épidémies de grippe et de typhoïde qui avaient frappé l'armée du Rhin durant l'hiver 1927-1928, il fut alors désigné comme cible à la commission d'enquête sur l'état sanitaire des troupes et la responsabilité de leurs chefs. Finalement justice lui avait été rendue de façon éclatante. Mais, dans le même temps, ses relations avec le maréchal Pétain commençaient à s'aigrir : c'était le début de la fameuse affaire du *Soldat*[1].

Pourtant, la solitude intérieure et les démêlés avec les hauts échelons du commandement n'excluaient ni les relations mondaines ni les rencontres amicales. Yvonne de Gaulle trouvait la vie à Trèves fort agréable. Son frère Jacques observait ainsi : « Sa situation d'épouse de chef de corps et la notoriété de celui qui vient de passer plusieurs années dans les hautes sphères militaires attirent chez elle, au cours des réunions qui s'échangent tout au long du séjour, une véritable cour. »

Parmi les jeunes officiers de cette « cour » qui avaient surnommé de Gaulle commandant « de Perche » et *Mariensaüle* (une statue géante de la Vierge), un jeune sous-lieutenant qui deviendra Mgr Rupp constatera : « De Gaulle fut, tout de suite, notre point de mire. On jaugeait son extraordinaire solitude selon la mesure du quotidien. On disait : orgueil, froideur, ambition, envol spatial ! »

La naissance d'Anne, au premier de l'an 1928, comblait les vœux d'une famille unie et heureuse. Certes sa mise au monde avait été difficile, mais la mère et l'enfant « se portaient bien ». Ce n'est qu'après plusieurs mois que la croissance d'Anne commença à inspirer des inquiétudes. Les meilleurs spécialistes furent consultés. Etait finalement venue la révélation accablante que l'enfant

1. Alors que de Gaulle appartenait au cabinet du maréchal Pétain, ce dernier, désireux de publier un ouvrage en vue de sa candidature à l'Académie française, avait mis en chantier un manuscrit intitulé *le Soldat*. La rédaction de quatre chapitres avait été confiée à Charles de Gaulle. On les retrouvera plus tard dans *La France et son armée*.

était « retardée » et qu'une notable amélioration de son état était très improbable. Mme de Gaulle écrivit : « Charles et moi donnerions tout, tout, santé, fortune, avancement, carrière, pourvu qu'Anne soit une petite fille normale. » Désormais rien ne sera plus « comme avant » et l'existence des de Gaulle sera profondément affectée et modifiée par ce drame familial.

Les années passèrent. Jamais les parents n'envisagèrent un instant de se séparer de l'enfant, fût-ce pour la confier temporairement à une institution spécialisée. Tout au long de sa pauvre vie, elle eut sa place dans sa famille à Paris, à Beyrouth, à Metz, à Londres, à Alger, entourée de soins et de tendresse. En ses jeunes années, tous les soirs vers six heures, son père qu'elle adorait « la prend un long moment sur ses genoux et parvient à la faire rire en lui chantant un refrain indéfiniment répété " Ou Pachou Pachou Paya " ou en la regardant passionnément dans les yeux " La peinture à l'huile, c'est plus difficile, mais c'est bien plus beau que la peinture à l'eau " ».

Toutefois, sauf dans l'intimité, on n'abordait jamais ce sujet douloureux. Par respect humain sans doute, mais aussi parce qu'il est de tradition chrétienne qu'un enfant handicapé soit accepté comme une épreuve dont nul, à l'exception de Dieu et de ses parents, n'a à en connaître.

Aujourd'hui, devant sa tombe, dans le petit cimetière glacé de Colombey, un père bouleversé murmure en réconfort à sa femme : « Maintenant, elle est comme les autres. » Yvonne de Gaulle surmontera cette épreuve avec l'aide de sa foi et forte de la certitude qui fait de la mort une séparation temporaire. En avril, Claude Mauriac la retrouve « souriante, apaisée, tout occupée de soins ménagers » et se dit frappé par son style traditionnel « lorsqu'elle cherche dans ses armoires une pièce de linge susceptible de servir à la confection d'un berceau, car elle va être grand-mère ».

La fidèle gouvernante, Marguerite Potel qui, depuis si longtemps, s'était consacrée à Anne, quitte maintenant La Boisserie pour se retirer à Torigni-sur-Vire, son village de la Manche. Elle terminera ses jours à la *Cité d'Automne,* confortable maison de retraite de Saint-Lô, entretenant une correspondance régulière avec Mme de Gaulle et, à l'occasion, évoquant ses souvenirs « de guerre » à Londres et à Alger.

A peine interrompue par ce deuil familial, la tournée des villes et des villages de France où le Général vient porter la « bonne parole » reprend de plus belle. Un peu perdue dans la caravane du R.P.F. qui prend parfois des allures de cirque ambulant, Yvonne de Gaulle ne quitte plus son grand homme d'une semelle. Elle en est tout à la fois le soigneur, l'habilleuse et l'applaudimètre... Celle qui observe et écoute les uns et les autres sans rien dire, mais sait comme personne si « ça a marché ».

Pendant cinq ans — un an de plus que l'épopée de la France Libre — de Gaulle va mener campagne sans ménager son temps ni sa peine. Désormais, la vie quotidienne s'organise autour de trois pôles. Colombey où il médite sa stratégie politique et prépare ses discours pendant qu'elle taille les rosiers, discute avec André le vieux jardinier, fait des confitures de groseille et de mirabelles ou, durant l'hiver, tricote au coin du feu. Paris où chaque semaine le couple passe deux jours à l'hôtel La Pérouse. Il y occupe l'appartement 24 et y a ses habitudes. Enfin Montauban, Vannes, Draguignan, Nancy... partout où le Rassemblement tient ses assises.

L'hôtel La Pérouse devient une sorte d'Elysée-bis que les dirigeants de la IVe République voient un peu comme le centre d'une conspiration contre le régime. De Gaulle y est invisible, auréolé de mystère, protégé des importuns. Claude Mauriac en donne un aperçu : « (Ce jour-là) c'est à moi qu'il incomba de guetter par une fenêtre donnant sur la rue Dumont-d'Urville l'arrivée de la petite Citroën grise venue de Colombey, de me précipiter à la portière, de regarder si la voie était libre, je veux dire vide de curieux, d'introduire le Général et Mme de Gaulle par la porte de service, de les faire attendre dans le corridor, le temps de m'assurer que le hall était désert et sans embûches le chemin de l'ascenseur, de conduire chez eux les voyageurs et de préparer les audiences de l'après-midi[1]. » Les repas sont servis dans la chambre par Albert, le maître d'hôtel qui est aussi militant du R.P.F. Dans l'après-midi, l'officier d'ordonnance introduit les visiteurs attendus « au rapport ».

Pendant que son mari délibère, dresse des plans, rédige des communiqués ou des ordres du jour, Mme de Gaulle s'esquive pour faire des courses ou rendre des visites, seule ou accompagnée de « Cada » la femme de son frère Jacques Vendroux. Aucune ruse ou précaution particu-

1. *Aimer de Gaulle, op. cit.*

lière pour préserver son anonymat n'est nécessaire. Dans la foule parisienne on ne la reconnaît jamais !

Deux fois par mois, en moyenne, la voiture pilotée par Paul Fontenil emmène le Général, sa femme, et le commandant de Bonneval vers une nouvelle région de France où des manifestations sont organisées. Une circulaire gouvernementale a retiré au général de Gaulle le droit aux honneurs militaires et prescrit aux autorités régionales de se tenir à l'écart des rassemblements où il paraît. Mais les comités du R.P.F. font bien les choses. Dès son arrivée, le Général est entraîné au milieu des haies d'honneur, des flonflons, des drapeaux, des croix de Lorraine, des banderoles, vers la haute tribune tendue de tricolore. Pendant ce temps, Mme de Gaulle se glisse discrètement dans la salle jusqu'à la place qui lui est attribuée au bout d'une travée.

En chapeau, gantée, tenant sagement son sac posé sur ses genoux, elle sait, en de telles occasions, donner à son visage l'expression impénétrable qui sied. Et les grand-messes du R.P.F. en sont une. Emue par les ovations qui montent vers son mari juché sur son piédestal ? Peut-être, mais avec une méfiance qui l'a toujours habitée devant la versatilité de la foule. Par les mimiques du Général, les bras haut levés, les *Marseillaise* qu'il chante faux et ses fameux bains de foule ? Sans doute, car elle sait la conviction qu'il y apporte ou l'art qu'il y met.

Ce qu'elle aime dans ces voyages-spectacles c'est la partie imprévue, celle qui suit la représentation : le « cantonnement chez l'habitant ». Il est hors de question que les de Gaulle descendent à l'hôtel des Voyageurs du lieu. Les organisateurs leur préparent toujours un hébergement chez d'anciens résistants fiers de l'honneur qui leur échoit mais gagnés par la panique devant les problèmes pratiques qu'il leur pose. Doit-on, par exemple, prévoir un traversin ou deux oreillers ? Mme de Gaulle aime-t-elle le gigot ? Quelle est la tisane préférée du Général ? Ils ont tout prévu, tout préparé, mais quand leurs visiteurs d'un soir apparaissent, ils sont pétrifiés, incrédules, bafouillent des phrases de bienvenue apprises par cœur.

Au cours du dîner sous la lampe, l'atmosphère se détend. Le Général donne un tour familier à la conversation dans un style qui est à la fois celui du colonel « père du régiment » et du député en tournée électorale. Il interroge son hôte sur ce que fut la Résistance dans la région, sur ses difficultés du présent et ses espoirs du futur. Mme de Gaulle, de son côté, a l'art de s'intéresser à la santé et aux études des enfants, aux cuisines régionales, aux humbles tâches quotidiennes. Des souvenirs qui entrent dans une famille et que l'on transmettra en les enjolivant quelque peu...

A partir de 1952, le R.P.F. s'essouffle et les voyages en province s'espacent. De Gaulle a pris acte avec amertume des trahisons de ceux qui vont « à la soupe » et de la lassitude de ceux qui l'abandonnent. C'est le début de la « traversée du désert » qu'il consacre à la rédaction de ses *Mémoires de guerre*.

Il est redevenu Charles de Gaulle *écrivain*. Comme il l'était en 1938 lorsqu'il avait rempli et adressé à la Librairie Plon la fiche habituelle destinée au service de presse. Pour les renseignements biographiques, il se bornait à indiquer : « Prière de les demander au colonel Nachin, tout à fait en mesure de les donner à tous égards. » Au chapitre bibliographie, il signalait ses trois ouvrages parus chez Berger-Levrault et précisait : « tirés à trois mille exemplaires ». Quant aux renseignements originaux, il renvoyait encore à Nachin en ajoutant : « Vis-à-vis du public, français ou étranger, qui s'intéresse aux questions militaires, je parais, me semble-t-il, un homme qui " remue des idées ". »

Dix-sept ans plus tard, après avoir été l'homme du 18 Juin, le libérateur du territoire, le chef du gouvernement de la France, retiré à Colombey, il demeure attentif au destin de ses *Mémoires de guerre*. Georges Pompidou, alors chargé des rapports avec son éditeur, écrit à ce dernier, le 5 février 1955, pour exprimer son mécontentement : « C'est avec la plus vive surprise que j'ai appris que des exemplaires des *Mémoires de guerre* du général de Gaulle avaient été exposés en vitrine et mis en vente par un libraire de la rue du Vieux-Colombier avec une indication apparente de baisse de dix pour cent sur le prix. » On charge un huissier de se rendre sur place et de dresser un constat. L'auteur ne conteste pas au libraire le droit de pratiquer un rabais, il estime que celui-ci doit s'appliquer à l'ensemble des ouvrages et non à un seul titre « en donnant ainsi l'impression qu'il s'agit d'ouvrages dépréciés ». Le murmure de la cité, lorsqu'il s'agit des travaux de l'esprit, bat les murailles austères de La Boisserie qui demeure, par ailleurs, indifférente aux querelles des partis.

A dire vrai, la « traversée du désert » comporte, en intermèdes, quelques grands voyages semi-privés à travers le monde en 1953, 1956 et 1957. Le premier, du 4 mars au 1er avril 1953, est un périple à travers l'Afrique occidentale. Il a comme justification officielle l'invitation que le Général a reçue du Grand Conseil de l'A.O.F. a présider l'inauguration, à Bamako, du monument élevé à la mémoire du gouverneur général Félix Eboué. A cette occasion, il a demandé, comme il s'en était réservé le droit, la mise à sa disposition temporaire du DC-4 que lui avait offert le président Truman à titre personnel et qu'il confia à l'armée de l'Air en 1946. En fait cette inauguration doit être la première étape d'un pèlerinage jalonné par les souvenirs de la France combattante.

Tout au long du mois de février, de Gaulle a été absorbé par ses préparatifs. Il a tracé l'itinéraire qui passe par Dakar, Bamako, Conakry, Abidjan, Lomé, Cotonou, Ouagadougou, Fort-Lamy, Bangui, Brazzaville, Léopoldville, Pointe-Noire, Libreville, Douala, Tunis, Gabès et Bizerte. Ses dossiers sur chaque pays sont en ordre, ses discours déjà rédigés, et même les cadeaux préparés. Ceux-ci, écrit Olivier Guichard, vont « du cadre en argent au sabre de marine acheté chez un antiquaire, le Général jugeant les vieux fusils trop dangereux ». De son côté, Yvonne de Gaulle s'est consacrée à la garde-robe tropicale et à la préparation des valises.

Ce voyage est aussi une évasion des imbroglios qui accompagnent l'agonie du R.P.F. et de Gaulle l'entreprend avec un plaisir visible. Tout d'abord parce qu'il a toujours aimé les transports aériens. Installé dans son fauteuil, il compulse les cartes, se plonge dans un roman de Conrad, invite tel passager occasionnel à partager son plateau-repas et se montre plein d'entrain. D'ailleurs, à l'en croire, il ne dort jamais en avion... Derrière lui, silencieuse, sa femme tricote, brode des napperons ou, par le hublot, regarde défiler le paysage. Parfois, elle a des enthousiasmes qu'elle aimerait faire partager. Un témoin rapporte qu'au cours d'un survol de la brousse africaine, elle n'y tint plus et tapa sur l'épaule de son mari :

« Charles ! Charles ! Un troupeau d'éléphants ! »

Et lui, conciliant :

« Laissez, Yvonne, laissez donc... »

Les escales sont triomphales, bruyantes et colorées, avec réceptions officielles par les gouverneurs, honneurs militaires, grands déploiements de foule, tam-tams et danses, ou escorte de cavaliers comme à Abéché à l'est du Tchad. Pour Mme de Gaulle, qui s'efforce de rester impavide, ce tohu-tohu pittoresque dans lequel elle est directement impliquée est une révélation déroutante. Que pense-t-elle du monde africain si différent de son environnement coutumier ? Elle n'en dira mot. Au moins a-t-elle le réconfort de retrouver partout des missionnaires barbus, de paisibles religieuses et une poignée d'anciens F.F.L. tannés et recuits... Et, sans doute, le regret de ne pouvoir découvrir, comme elle le souhaiterait, la nature tropicale.

Dès son retour à Colombey, le Général s'est remis à ses Mémoires. Mais, déjà, il échafaude un nouveau projet de grand voyage, cette fois vers l'océan Indien. Le 4 octobre 1953, ce sera le départ en DC-4 pour Tunis, Fort-Lamy, Brazzaville, Madagascar, avec visites éclairs à la Réunion et aux Comores, enfin le retour par Djibouti et Addis-Abeba où il est invité par le Négus Hailé Sélassié. Un voyage sans histoire, sauf dans la capitale éthiopienne. « A l'arrivée, écrit Olivier Guichard, après l'accueil par quelques ministres et une musique genre britannique, le Général fut transporté dans une grande Cadillac verte qui portait un immense drapeau impérial sur l'aile. Sur son passage, les piétons, comme ils avaient l'habitude de le faire pour l'empereur, se prosternaient dans la poussière. Le Général me fit observer que cet accueil manquait de simplicité et de chaleur. »

Le *Junker* qui transporte les bagages arrive en retard, et on ne retrouve plus la valise qui contient la robe du soir de Mme de Gaulle... Enfin « pour le dîner en habit, on fit attendre le Général pendant une dizaine de minutes avant de l'introduire auprès du Roi des Rois. Au bout de huit minutes, il me dit avec la plus grande détermination : " Allez, on s'en va. " Les deux minutes qui suivirent, avant l'arrivée d'un chambellan constellé et boiteux, me parurent longues[1]. » Pendant les trois derniers jours du voyage, via Tunis, de Gaulle sera d'une humeur massacrante.

Ce n'est qu'en août-septembre 1956 que Charles et Yvonne de Gaulle entreprennent le troisième grand voyage de la « traversée du désert ». Un tour par l'ouest des possessions

1. *Mon Général,* Grasset, 1980.

françaises qui, selon les exigences du Général, doit tenir la gageure d'éviter les pays étrangers... On s'embarque à Orly, à bord du DC-4, avec, pour première destination, Cayenne. Mais il a fallu prévoir une escale technique à Natal où les autorités espèrent faire descendre le Général. Quelques ravissantes Brésiliennes portant des tasses de café sont même envoyées à bord pour tenter de l'en convaincre. Il les renvoie avec d'aimables paroles... et on s'envole pour la Guyane. Ce sera ensuite la Guadeloupe et la Martinique, les réceptions colorées de la foule antillaise, les discours : « Ah, comme vous êtes français !... »

A Fort-de-France, on troque l'avion pour le *Calédonien* qui fait la ligne du Pacifique : quinze jours de mer avant de toucher Tahiti. Le temps pour le Général d'avancer un nouveau chapitre des Mémoires, pour sa femme de broder quelques nouveaux napperons. A Papeete, ils sont couverts de colliers de fleurs comme le veut la tradition, assistent aux danses des vahinés, reçoivent les anciens F.F.L. du bataillon du Pacifique. Mme de Gaulle a le coup de foudre pour les îles et envoie à son frère des descriptions enthousiastes dont elle est ordinairement avare. Puis on reprend la mer pour les Nouvelles-Hébrides et la Nouvelle-Calédonie où l'avion leur fera regagner la France via Port-Darwin, Colombo, Djibouti, Fort-Lamy et... Ajaccio.

François Mauriac écrit : « Le voici qui revient, rechargé peut-être par l'amour qui a éclaté partout sur son passage. » Et Olivier Guichard, qui le cite, ajoutera : « Il n'avait pas tort. Ce n'est pas exactement rechargé que j'aurais dit, mais pendant ces années, un peu de chaleur, c'est-à-dire un peu d'amour, ne lui faisait pas de mal, au Général. » Et Mme de Gaulle ? Cette découverte du monde, pour la première fois *aux côtés* de son mari, lui fit aimer encore davantage les grands voyages…

A La Boisserie, le Général poursuit la rédaction de ses Mémoires et prend racine dans le terroir de Colombey. Entre ses tours du parc, toujours dans le sens des aiguilles d'une montre, « il s'intéresse au figuier dans l'angle du mur de la tourelle, à l'arbre à perruque rose, aux pervenches de bois, aux polyanthas sous les fenêtres de son bureau, et surtout aux grands trembles ». Au 11 Novembre, il est l'un des anciens combattants de Colombey qui déposent une gerbe au monument aux morts. Avec les paysans, il parle des troupeaux, du temps qu'il fait et des travaux de la commune. Et eux, pensent et disent : « On finira bien par le rappeler… »

Mais lui écrit : « Le silence emplit ma maison. De la pièce d'angle où je passe la plupart des heures du jour, je découvre les lointains dans la direction du couchant. Au long de quinze kilomètres, aucune construction n'apparaît. Par-dessus la plaine et les bois, ma vue suit les longues pentes descendant vers la vallée de l'Aube, puis les hauteurs du versant opposé. D'un point élevé du jardin, j'embrasse les fonds sauvages où la forêt enveloppe le site, comme la mer bat le promontoire. Je vois la nuit couvrir le paysage. Ensuite, regardant les étoiles, je me pénètre de l'insignifiance des choses.

» Sans doute, les lettres, la radio, les journaux, font-ils entrer dans l'ermitage les nouvelles de notre monde. Au cours de brefs passages à Paris, je reçois des visiteurs dont les propos me révèlent quel est le cheminement des âmes. Au vacances, nos enfants, nos petits-enfants nous entourent de leur jeunesse, à l'exception de notre fille Anne qui a quitté ce monde avant nous. Mais que d'heures s'écoulent où, lisant, écrivant, rêvant, aucune illusion n'adoucit mon amère sérénité ! »

Or, quand il achève le troisième et dernier tome de ses *Mémoires de guerre* par la phrase : « Vieil homme, recru d'épreuves, détaché des entreprises, sentant venir le froid éternel, mais jamais las de guetter dans l'ombre la lueur de l'espérance ! » le 13 mai 1958 n'est pas loin. Et, depuis quelques mois, le « vieil homme » n'ignore rien de ce qui se trame à Alger... et est « attentif à l'événement ».

Devant la situation insurrectionnelle qui se développe de l'autre côté de la Méditerranée et la crise gouvernementale qui se prolonge à Paris, l'ermite de Colombey fait sa rentrée politique par une simple phrase : « Je me tiens prêt à assumer les pouvoirs de la République. » Dès lors tout se précipite et la sortie du désert est en vue. Dans les jours qui suivent, La Boisserie se transforme en P.C. de campagne avant la bataille. Des estafettes apportent des plis et des agents de liaison viennent aux ordres et croisent des visiteurs plus ou moins clandestins reçus « en consultation ». Puis les journalistes et les photographes réapparaissent aux alentours. C'est bien la fin des jours paisibles où l'on pouvait admirer les tulipes, et des longues soirées en tête à tête...

Mme de Gaulle, qui avait exprimé ses craintes

qu'après avoir achevé ses Mémoires, le Général ne supporte mal son « inutilité » et ne sombre dans l'ennui, est maintenant rassurée. Un peu débordée aussi sans doute, car jamais on ne vit tant de personnes invitées à l'improviste à déjeuner et à dîner, et la bonne cuisinière grogne. Inquiète sûrement de voir son vieux mari faire, de jour comme de nuit, la navette entre Colombey et Paris — onze fois en vingt jours ! — en risquant l'accident de la route ou un « mauvais coup » toujours possible. D'autant plus qu'après de longues années de vie au ralenti et de confidences, la soudaine et brutale accélération des événements ne permet guère au Général, à supposer qu'il le jugeât bon, de l'éclairer sur ses entreprises.

Comme en mai-juin 40, puis à Londres, à Alger, à Paris au temps du gouvernement provisoire, comme chaque fois que le Général est plongé dans l'action, Yvonne de Gaulle reprend sa place d'humble servante du foyer. En ce mois de mai 1958, le « vieil homme recru d'épreuves » est devenu le chef militaire qui s'entoure de mystère et prend ses décisions dans le secret. De surcroît, il est maintenant le politique qui manœuvre, tire les ficelles, flaire les pièges, et ne se découvre jamais. Olivier Guichard notera que « pendant ces trois semaines, le Général montra un front serein, affecta un air presque détaché et sembla même avoir perdu son célèbre sens de l'humour. Pour conjurer le sort, il se plaisait à répéter à ses interlocuteurs qu'au fond personne ne souhaitait son retour ».

Toujours est-il que ses *Mémoires d'espoir* témoignent d'une belle assurance : « Assurément, les oppositions partisanes se raidissent à mon sujet. Mais ce sont là gestes de convention. Personne ne doute, en réalité, qu'à moins d'aller à la dérive jusqu'au déchirement national, la situation ne peut avoir d'autre issue que de Gaulle. » Dès lors que la route est tracée, il « accélère le progrès du bon sens ». Il « hâte la marche en avant », jusqu'à ce 29 mai où « René Coty débordant d'émotion » l'accueille pour se ranger à son plan : « Ensuite, tout au long de la route qui me ramène en Haute-Marne, des groupes nombreux, qui guettent mon passage, crient " Vive de Gaulle ! " à travers la nuit. » Ce soir-là, Yvonne de Gaulle sait que son mari a gagné et que les jours paisibles à Colombey vont prendre fin.

Le 1er juin, de Gaulle a obtenu les pleins pouvoirs. Deux jours plus tard, il part pour l'Algérie afin d'y restaurer l'autorité de l'Etat et sa femme découvre l'appartement de fonction de l'Hôtel Matignon. « Ils se sont " résignés " à habiter temporairement le " logis de la rue de Varenne " où leur appartement privé est aussi restreint et malcommode qu'officiel, écrit Jacques Vendroux[1]. Ils n'ont aucune possibilité d'y recevoir à coucher qui que ce soit, tout étant envahi par les bureaux, les gardes républicains, les inspecteurs, le service... Seul le parc est magnifique, mais trop impersonnel et surveillé pour qu'on puisse en jouir agréablement. » Les de Gaulle s'en échapperont aussi souvent qu'ils le pourront. Ainsi le 28 juillet, pour une visite incognito à Calais, sur la plage de Tardingham où

1. *Cette chance que j'ai eue...*, Plon,1974.

le Général ramasse des coquillages sans être reconnu (!), à Wissant où Philippe de Gaulle et sa famille passent leurs vacances.

Enfin, même pour quarante-huit heures, on reprend la route de Colombey. C'est d'ailleurs à La Boisserie que de Gaulle a décidé d'inviter le chancelier Adenauer. Une invitation qui provoque d'emblée une petite révolution domestique, presque une menace de grève. La cuisinière Charlotte a été catégorique : « Un Allemand, jamais ! » Mme de Gaulle a dû négocier un *modus vivendi :* ce sera le menu et le service de table « de tous les jours ». Mais Jacques Vendroux lui envoie en renfort Marie Wierez-Nagot qui est à son service depuis vingt-cinq ans et n'accepte sa mission qu'en maugréant... Le vieux chancelier arrive à La Boisserie le 14 septembre 1958, avec un long retard sur l'heure prévue. Il cherchait désespérément le général de Gaulle à Colombey-les-Belles quand il fut mis sur le bon chemin par la gendarmerie... Comme convenu, on le reçoit « en famille », ce dont il se montrera ému jusqu'aux larmes. Et, après son départ, les servantes unanimes conviendront, sans désarmer, que ce n'était pas là un Allemand « comme les autres ».

Aux élections des 20 et 30 novembre, les formations qui soutiennent le Général obtiennent la majorité absolue à l'Assemblée. Colombey leur a donné la totalité de ses suffrages *moins un.* A l'intention des journalistes, le maire commente ce résultat : « On vote pour lui parce qu'il est du pays. Probable que s'il était de Landerneau, tout Landerneau voterait pour lui. » Est-ce bien sûr ? Aux élections de juin 1951, le R.P.F. n'avait eu que cent quatorze voix sur cent soixante-dix-huit suffrages exprimés...

Qui était-il cet opposant unique aux consultations de 1958 et de 1961 ? Un descendant de celui qui vota NON au plébiscite de Louis-Bonaparte le 21 décembre 1851 ? Un professeur de lycée résident occasionnel dans la commune comme on le croit ? Toujours est-il que son exemple sera suivi : en avril on dénombre deux NON, neuf en octobre de la même année, vingt et un en 1969 au référendum...

8

De monarchies en républiques : la première dame de France

C'est ainsi qu'on appelle aujourd'hui la femme du Président de la République en exercice. Cette dignité ne se fonde sur aucun texte officiel, n'est inscrite nulle part dans la Constitution et est une création, plus ou moins hasardeuse, de ce qu'on désigne sous le nom de *média*. La première fois qu'on la voit apparaître c'est au cours du septennat du président Vincent Auriol.

On est conduit à s'interroger sur les raisons qui la font surgir à ce moment précis de notre histoire. Avant Mme Auriol, on comptait déjà quatorze présidences sous la IIIe République et aucune épouse de président de la première et de la seconde n'avait bénéficié de ce titre. *Première* dit-on. Par l'élection en quelque sorte et par la grâce du mariage. *Dame,* le mot contient sa solennité propre. On disait, autrefois, de la personne de ses pensées, qu'elle était sa Dame. On lui dédiait ses actions, on portait ses couleurs dans les tournois. D'où le vocable, vite devenu commun : ma Dame, puis madame. De *France,* cela va de soi. L'ensemble s'inscrivait volontiers au fronton des magasins de mode provinciaux de

Perpignan ou de Cavaillon : *Aux dames de France.* S'agissait-il d'être la première de ces dames-là ? Peut-être.

Alors qu'avait de particulier Mme Auriol qui suscita l'appellation ? Vie exemplaire ? Personnalité hors du commun ? Ou bien était-ce dû à son mari ? Celui-ci, lors de la campagne devant le Parlement et l'opinion, l'avait-il poussée en avant ? Non. Elle était semblable à celles qui l'avaient précédée. Le Président de la République, en jaquette, le plastron barré du Grand Cordon de la Légion d'honneur, la main posée sur la Constitution, n'avait pas d'autre compagne que Marianne. Pourquoi lui en avoir découvert une autre ? Y avait-il des raisons politiques, sociales, psychologiques ? Une crise des mœurs, un scandale à faire oublier, le sens de la famille à restaurer ? Rien dans la vie du couple Auriol ne fournit — à cet égard — fût-ce un élément sommaire de réponse.

On est ainsi tenté de rechercher en arrière une référence historique. L'épouse d'un chef d'Etat français a-t-elle toujours tenu ce rôle de première dame ou bien est-il né sous la IIIe République qui l'a donné en héritage aux deux républiques qui l'ont suivies. Remarquons, au passage, que le régime de Vichy a laissé dans l'ombre le personnage de la Maréchale.

D'abord, une évidence. Pour qu'il y ait une première dame de France, il faut d'abord qu'il y ait premier homme de France, donc que soit franchie l'étape, décisive, de la féodalité. A cette époque, la femme peut être aussi puissante que l'homme et, *seule,* première dame et maîtresse absolue d'un fief. C'est la notion royale qui va mettre un terme à cette situation. Administrativement, en quelque sorte, la première dame de France est née le 28 juillet 754 à Saint-Denis quand le pape Etienne II a sacré, tout ensemble, Pépin (dit le Bref), sa femme, la reine Berthe (au grand pied) et leurs enfants, Charles (futur Charlemagne) et Carloman. Le nom de Berthe (ou de Bertrade) figurera sur de nombreux actes au côté de celui de son mari auquel elle est, en fait, associée. Quand son fils, Charlemagne, monte sur le trône, il suit les traces paternelles en appelant ses femmes « à partager avec lui le gouvernement de sa maison et l'administration de ses domaines ». Il précise même que « les intendants des domaines royaux doivent obéir aux ordres de la Reine sans attendre ceux du Roi ».

Deux cent trente-trois ans plus tard, 1er juin 987, les *grands* du royaume choisissent Hugues Capet, duc des Francs, pour roi. La monarchie française est, sans la moindre ambiguïté possible, née de l'élection. L'évêque Adalbéron s'est employé à rassembler et à convaincre les « grands électeurs ». Désormais, la France, de sa volonté, a un chef unique. La royauté capétienne est une *dignité* conférée par l'élection et on ne manque pas de rappeler que le roi est le « premier parmi ses pairs ». La monarchie institue un lien indéfectible entre le peuple et le roi, acte à la fois juridique et religieux, le sacre plaçant le contrat sous la magistrature de l'Eglise. Toutefois, ce sacre, s'il concerne et le roi et la reine, ne les situe pas sur le même plan. L'onction est un acte sacerdotal qui fait du roi *le sergent de Dieu.* Elle est appliquée au sommet de la tête, sur l'épaule gauche, à la saignée de l'un et de l'autre bras. Puis, après bénédiction des gants, sur les deux paumes. L'archevêque remet, ensuite, au roi les symboles de son pouvoir : l'anneau, preuve de son union avec le peuple, le sceptre, insigne de sa majesté, la verge de justice placée dans la main gauche.

Et la reine ? Elle est présente, associée au mystère, participante mais à un moindre titre et hors de la liturgie sacrée. L'onction royale est assimilable à une ordination et donc interdite aux femmes qui n'ont pas accès à la prêtrise. On place donc la reine sur une estrade, à gauche de l'autel ; sa position est moins haute que celle du roi. Pour son onction, on utilise, non point le saint Chrême qui servit au baptême de Clovis, mais une simple huile sanctifiée.

Etrange rôle pour celle qui est alors la première dame de France ! Elle est épouse de roi, certes, mais *qui* est-elle ? Dans la plupart des cas, elle est l'héritière d'un grand fief ; elle a même été choisie à cause de cela. Le roi, par le mariage, agrandit le royaume. Il spécule sur le fait que, à la mort de la reine, les terres dont elle est l'héritière reviendront aux enfants qu'elle aura eus de lui. Leur union est scellée sous le régime de la séparation de biens. Tant que la reine vit, ses terres demeurent sa propriété exclusive. Elle en assure le gouvernement avec l'aide de son mari mais sans perdre aucun des droits attachés à sa souveraineté, et c'est *par l'enfant* que le monarque enrichit le domaine royal.

La preuve en sera, plus tard, administrée par Aliénor d'Aquitaine qui, ayant épousé le roi de France, le quittant sans descendance pour s'unir au futur roi d'Angleterre, apportera au fils qu'elle aura de ce dernier son fief en héritage. La reine doit donc être riche et, ensuite, *féconde.* Si elle meurt sans descendance, son domaine revient, sauf testament contraire, aux héritiers de son sang. Il importe impérativement qu'elle enfante. Par chance et par soins, les premiers Capétiens donnent tous à leur femme un ou plusieurs enfants mâles. Ainsi, à la mort de la reine, les terres et possessions tombent tout naturellement aux mains du fils aîné.

D'où le souci des Capétiens directs de faire, *de leur vivant,* désigner ce fils aîné en puissance de fief comme futur roi. Le premier, Hugues Capet, fondateur de la monarchie, s'empresse de faire reconnaître son fils Robert pour successeur. L'argument avancé est la nécessité de mettre le trône à l'abri s'il advenait que le roi mourût en quelques travaux guerriers. C'est, transposée, la notion actuelle de vice-présidence aux Etats-Unis d'Amérique, à cette différence près que, du vivant du roi, le successeur désigné n'exerce aucune charge dans l'Etat et s'initie, dans l'ombre, à son futur métier de roi.

Tenant sa légitimité de l'élection, mettant en avant les hasards du combat et les apports matrimoniaux, le Capétien utilise le suffrage pour assurer l'héritage, par filiation directe, de son fils aîné. Ferdinand Lot écrit : « Les grands choisissent un homme pour la durée de son existence, se réservant la liberté d'élire, au cas où il disparaîtrait prématurément, tout autre prince digne de présider aux destinées des Francs occidentaux. » En fait, ils ne feront jamais usage de cette faculté.

La reine, sous les premiers Capétiens, est honorée, respectée et assurée des droits naturels reconnus à la souveraine d'un fief. S'y ajoute la charge de maîtresse de la maison du roi. Elle est trésorière, garde le clavier et commande aux chambellans. Elle a son sceau particulier : *Gratia Dei Francorum Regina.* S'appuyant sur sa présence et son autorité, le roi abat sa royale besogne : il lui faut maintenir, voire agrandir, son domaine donc se comporter en guerrier, en outre faire régner l'ordre et la justice en ses Etats. Il n'a en tête que « faire la France ». Pour cela, il est bon qu'à la maison, la femme file quenouille et tienne fortement les clefs…

C'est toutefois avec Philippe Auguste que la monarchie française prend sa véritable signification. Roi guerrier, avons-nous dit ? Philippe délivre définitivement le royaume de la menace que fait peser sur lui le Saint Empire romain germanique et, fait nouveau, il y parvient non plus avec le concours massif de ses barons qui sont aussi ses grands électeurs, mais avec l'appui des milices communales. Dès lors, l'alliance du peuple et du roi est confirmée et le royaume est *fait.* Par voie de conséquence naturelle, le rôle politique de la reine se *défait.* D'une future épouse on attend moins qu'elle apporte un fief ; ils sont d'ailleurs pour la plupart dépendants ou vassaux des couronnes. Reste alors son rôle de génitrice et de maîtresse de maison.

Saint Louis, fils d'une Blanche de Castille autoritaire qui fut régente, en établit les limites. Il prend, à cet égard, toutes les dispositions administratives nécessaires pour bien séparer les affaires du royaume et la tenue de sa maison.

Une ordonnance interdit à son épouse « de donner des ordres aux officiers de justice, de nommer de son autorité à aucun office et de ne prendre personne pour son propre service ou celui de ses enfants sans le consentement du Conseil et la permission du Roi ». C'est alors seulement, écrit Robert Fawtier, « que la tâche des Capétiens, en ce qui concerne la dynastie, est achevée. Désormais leur légitimité ne peut plus être mise en cause, mais il leur a fallu trois siècles pour arriver à ce résultat [1] ».

Et il poursuit :

« Ce qui est curieux, c'est qu'ils y soient parvenus sans jamais en poser le principe, simplement par l'usage. Ils n'ont jamais déclaré que la dynastie existait. Ils n'ont jamais établi que le fils succéderait à son père. Ils n'ont jamais proclamé les pouvoirs miraculeux que leur donnait l'onction du sacre. Ils se sont contentés d'établir le fait. »

Pour ce qui est de la première dame de France, reste encore à lui ôter jusqu'à l'espérance du pouvoir. Il faut donc décréter que *seul* le mâle règne et que le royaume ne peut tomber en quenouille. L'occasion en est fournie, pathétiquement, pour la première fois, par la mort sans héritier mâle en ligne directe de Charles IV. Si la couronne peut se transmettre par femelle, c'est par Isabelle d'Angleterre, fille de Philippe le Bel, qu'elle échoit à son fils Edouard III. Faute de texte officiel sur la succession royale, de mâle en mâle, par ordre de primogéniture, on a recours,

1. « Les Capétiens directs » in *Histoire universelle*, Gallimard (Pléiade).

en houspillant un peu les légistes, au vieil usage des Francs Saliens exhumé pour les besoins de la cause. C'est la prétendue *loi* salique, à laquelle, à force de la solliciter en tous sens, on parviendra à faire dire jusqu'à son contraire.

Mais, afin d'entériner ce tour de passe-passe, on est contraint d'en revenir à l'élection par une assemblée des grands du royaume — où siège d'ailleurs une femme, Mahaut d'Artois — qui, au nom de l'ancienne coutume franque, proclame l'avènement de Philippe de Valois. La guerre de Cent Ans va naître de cet agiornamento.

C'est avec Charles V que s'affirme solennellement le caractère sacramentel de la monarchie française : « Le roi ne tient que de Dieu et non d'aucun homme. » *A fortiori* d'aucune femme. Pourtant les reines de France ne se laisseront pas si facilement écarter des affaires du royaume. Les périodes de régence, durant l'absence de leur royal époux ou la minorité de leur enfant-roi, leur permettent d'ailleurs assez souvent de recouvrer, pour quelques années, tout ou partie de leurs prérogatives perdues, et même d'exercer un pouvoir effectif. Non sans affronter l'hostilité des princes et des grands.

On sait que les régentes, au temps des Valois, furent impopulaires lorsqu'elles n'étaient pas vite oubliées. Tous nos livres d'histoire sont intarissables sur les méfaits d'Isabeau de Bavière et les intrigues de Catherine de Médicis. Des *étrangères* rendues, sans surprise, responsables des malheurs de la France et de la dynastie. Mais les autres régentes, celles qui étaient de souche bien française et eurent un rôle bénéfique pour la continuité de la monarchie capétienne, n'ont droit qu'à quelques lignes. Que sait-on d'Anne de France, dame de Beaujeu, qui à vingt-deux ans tint d'une main ferme le gouvernement du royaume pendant la minorité de Charles VIII ? Ou de Louise de Savoie, l'habile négociatrice de la « paix des Dames » avec Marguerite d'Autriche, qui permit à son fils François 1er de se sortir au mieux de la situation malencontreuse en laquelle il s'était mis en livrant bataille à Pavie ? Rien ou presque.

A dire vrai, le peuple français n'a jamais admis comme allant de soi que la femme de *son* roi soit investie d'une quelconque autorité dans le royaume du seul fait de son mariage. Même le privilège d'avoir donné naissance à l'héritier du trône ne peut lui apporter une once de pouvoir en plus. En cela, le roi de France et son peuple sont pleinement d'accord. Surtout lorsque la reine est choisie parmi les filles des rois catholiques avec lesquels on souhaite sceller une alliance, par définition provisoire, la prudence élémentaire commande naturellement qu'elle soit tenue éloignée des discussions et des décisions importantes.

Bientôt la reine n'existera plus que comme génitrice — un « ventre », dira plus tard Napoléon avant d'épouser Marie-Louise — chargée d'assurer la continuité de la dynastie dans la *légitimité.* Si, aux yeux de la Cour et du peuple, elle est toujours la première dame du royaume, c'est d'abord en tant que mère des enfants de France. Mais pour que la filiation royale de l'héritier du trône ne puisse être mise en doute, il importe que sa fidélité conjugale soit insoupçonnable. Toute la Cour y veille et épie ses paroles et ses gestes. Une étiquette minutieuse se met en place. Tout est prévu, de ses apparitions publiques aux côtés du roi aux offices religieux ou aux bals de la Cour, bref on fixe son comportement avec chacun.

Du roi on tolère les aventures galantes car ses enfants naturels, légitimés ou non, ne peuvent prétendre au trône, mais on n'hésite pas à contester le choix de ses favorites qui trouveront rarement grâce au regard de l'histoire. On souhaite qu'il sache mieux refréner ses passions amoureuses à l'exemple de Louis XIII qui, confessant un penchant pour Mlle d'Hautefort, déclarait : « Plus ma qualité de roi me peut donner plus de facilité à me satisfaire qu'à un autre, plus je dois être en garde contre le péché et le scandale. » Certes, Louis XIV n'aura pas ces scrupules, ce qui lui vaudra le jugement sévère de Saint-Simon sur ses amours multiples et affichées : « Leur scandale a rempli l'Europe, a confondu la France, a ébranlé l'Etat, a sans doute attiré les malédictions sous le poids desquelles il s'est vu si imminemment près du dernier précipice, et a réduit sa postérité légitime à un filet unique de son extinction en France. » Ce fut enfin Louis XV unanimement condamné pour ses débauches.

Or, on constate qu'aux XVIIe et XVIIIe siècles, la fidélité des reines de France à la foi jurée ne fut jamais sérieusement mise en doute. L'impopularité et la fin tragique de Marie-Antoinette n'ont pas été la sanction de son inconduite supposée, mais bien celle de la violation de la règle qui interdisait à la reine de s'ingérer dans le domaine politique réservé au roi. La lettre que lui adressa son frère Joseph II d'Autriche est à cet égard exemplaire :

« De quoi vous mêlez-vous, ma chère sœur, de déplacer des ministres, d'en faire renvoyer un autre sur ses terres, de faire donner tel département à celui-ci ou à celui-là, de faire gagner un procès à l'un, de créer une nouvelle charge dispendieuse à votre Cour ; enfin de parler d'affaires, de vous servir même de termes peu convenables à votre situation ! Vous êtes-vous demandé, une fois, par quel droit vous vous mêlez des affaires et du gouvernement de la monarchie française ? Quelles études avez-vous faites ? Quelles connaissances avez-vous acquises pour oser imaginer que votre avis ou opinion doit être bon à quelque chose surtout dans des affaires qui exigent des connaissances si étendues ? Vous aimable jeune personne qui ne pensez qu'à la frivolité, qu'à votre toilette, qu'à vos amusements, toute la journée ; qui ne lisez, ni n'entendez parler raison un quart d'heure par mois ; qui ne réfléchissez ni ne méditez, j'en suis sûr, jamais, ni ne combinez les conséquences des choses que vous faites ou que vous dites ? »

Sous la Révolution, l'Empire et la Restauration, la France vivra sans « première dame ». Les égéries de la Convention et du Directoire passent comme charmantes lucioles, Napoléon épouse successivement Joséphine de Beauharnais et Marie-Louise d'Autriche que les Français ne reconnaissent pas vraiment comme leurs impératrices, Louis XVIII et Charles X sont veufs depuis longtemps quand ils montent sur le trône.

C'est une reine bien différente de celles du temps jadis que découvrent les Français en 1830.

Elle se nomme Marie-Amélie de Bourbon et elle est l'épouse de Louis-Philippe. D'emblée la nouvelle Cour qui a pris ses quartiers aux Tuileries abandonne le faste et l'étiquette des règnes précédents. Au siècle de la bourgeoisie triomphante, le roi et la reine se veulent des bourgeois exemplaires et, à la grande joie des chansonniers et des caricaturistes, en adoptent l'accoutrement et le comportement dans leur vie quotidienne :

« Tous les jours, entre cinq et six heures, l'aube pointant à peine, le réveille-matin sonnait dans la chambre royale. La reine, au fond du grand lit commun, se pelotonnait dans ses oreillers et Louis-Philippe se levait. Il allumait lui-même, en hiver comme en été, le feu préparé la veille, tisonnant un moment, mettant à chauffer un peu d'eau pour sa barbe et pour le thé qu'il avalait bouillant. » Et, pendant que le roi annotait ses dossiers, « quelle que fût la saison avant sept heures, la reine était à la chapelle, agenouillée sur son prie-Dieu, dans l'ombre de sa tribune. Pour qu'elle manquât cette première messe, il fallait qu'il y eût une raison grave de santé, une impossibilité matérielle ».

Puis, « ses dévotions faites, bien avant qu'au château la vie ait repris, elle passait sa matinée à des soins de famille, des lettres, des comptes. Après le déjeuner, avant que chacun allât à ses affaires, elle arrêtait le menu du soir. Trop de gens, dans d'autres temps, d'autres Cours, avaient vécu des reliefs abondants de la cuisine du souverain. Elle avait donc décidé de suivre elle-même la dépense et, sans rogner sur quoi que ce fût, de surveiller les fuites. Econome, non point regardante, ni avare encore moins, mais raisonnable et jugeant que, si la table du roi doit être décente, abondante, élégante selon les bonnes traditions françaises, elle ne saurait être ostentatoire ». Enfin, le soir, « le roi des Français s'asseyait sans remords à la table ronde de la reine, image de la monarchie nouvelle, des vertus familiales : les fronts courbés sur les ouvrages, sous la lumière blonde de la lampe [1] ».

Or, passé un second Empire tout à la fois brillant et extravagant, la Troisième République née du désastre de 1870 va être représentée, au moins dans ses débuts, par des présidents qui renouent avec le style débonnaire de la monarchie de Juillet. Les Tuileries ayant disparu dans les flammes de la Commune, leur résidence officielle devint l' « Elysée-national » comme le prévoyait d'ailleurs un décret de l'Assemblée nationale du 12 décembre 1848. Adolphe Thiers s'y installe sommairement pour moins de deux ans avec son épouse Elise et ses deux belles-sœurs Félicie et Eurydice.

Avec le maréchal de Mac-Mahon la fonction présidentielle acquiert un éclat qui ira, ensuite, en s'affaiblissant jusqu'à l'avènement de la Ve République. La Constitution de 1875 est muette sur la situation protocolaire et les attributions de la femme du président. Nulle part il est dit qu'elle est la « première dame » de la République, que sa présence aux côtés du président est requise ou souhaitée en telles circonstances, que certaines activités lui sont tolérées ou interdites. On sait simplement qu'elle n'accède, ni de près ni de loin, au pouvoir confié à son époux.

1. Robert BURNAND : *Marie-Amélie, reine des Français.*

La maréchale de Mac-Mahon devra donc déterminer elle-même le rôle qu'elle entend tenir à l'Elysée. Et, tout naturellement, elle s'inspirera de la discrète Marie-Amélie, exemple des vertus bourgeoises et *dame d'œuvres* dans le style de l'époque. A leur tour, les treize épouses de présidents qui se succéderont à l'Elysée vont s'efforcer de suivre ce modèle. Jusqu'à l'arrivée de Mme de Gaulle, née Yvonne Vendroux.

9

C'est la présidence

Le général de Gaulle s'installe à l'Elysée le 8 janvier 1959 comme le veut, selon lui, le « déterminisme de l'histoire ». Le palais ne lui plaît guère. Certes, il en apprécie « la grâce un peu désuète et la situation assez commode par rapport aux divers ministères », mais il regrette de ne pas y trouver le souvenir de grands événements « à l'exception, non exemplaire, de l'ultime abdication de Napoléon Ier et du déclenchement par son neveu du coup d'Etat du 2 décembre ». En outre, ce « palais de la main gauche », légué au roi par Mme de Pompadour, conserve encore un peu du parfum de scandale attaché à ses salons de jeux de l'époque révolutionnaire, aux fêtes frivoles qu'y donnèrent Murat et Caroline, voire à la mort galante de Félix Faure. Enfin, comment le Général oublierait-il qu'en ces lieux la République a tenu captifs une longue suite de présidents condamnés à inaugurer les chrysanthèmes ?

De Gaulle aurait souhaité un cadre mieux accordé à la fonction présidentielle telle qu'il la concevait. Il s'en ouvre dans ses *Mémoires d'es-*

poir : « Je me suis demandé s'il ne convenait pas de fixer ailleurs ma résidence et mes bureaux. Mais, comme ont disparu, depuis 1871, les châteaux jadis appropriés à une telle destination : celui des Tuileries incendié par la Commune, celui de Saint-Cloud brûlé par les Prussiens ; comme Versailles serait excessif ; comme le Trianon menace ruine ; comme Fontainebleau, Rambouillet, Compiègne sont trop éloignés, comme Vincennes — à quoi j'ai songé — se trouve en pleine restauration, je m'accommode de ce qui est tout de suite disponible et, au surplus, conforme à de longues habitudes administratives et parisiennes. »

Donc, vaille que vaille, Charles de Gaulle établit ses quartiers à l'Elysée. D'abord, dit-il, pour qu'on y travaille « méthodiquement, en dehors de toute agitation ». Ce qui va amener un bouleversement sans précédent dans la destination des pièces d'apparat. Ses prédécesseurs avaient leur bureau au rez-de-chaussée, il installe le sien au premier étage, au cœur du palais, là où était le salon Doré. Autour de ce poste de commandement, les autres salons sont affectés aux aides de camp et aux membres du cabinet. L'ancienne « chambre du roi » devient le bureau du secrétaire général de l'Elysée et l'ancienne « chambre de la reine » celui du directeur du cabinet. La salle à manger prend rang de salle du Conseil des ministres.

Mais trouver un coin ou un recoin où installer chacun des quarante-cinq collaborateurs du Général apparaît comme un casse-tête chinois. Des conseillers chevronnés et des hauts fonctionnaires doivent se contenter de bureaux minuscules parfois situés sous les combles. Les secrétariats sont casés souvent dans des salles de bains devenues inutiles. C'est un peu l'état-major d'une division en campagne cantonné dans une auberge de village.

La consigne est formelle : pas de dépenses superflues d'aménagement. Entendu, celles qui ne sont pas indispensables au service de l'Etat. Pas de meubles de prestige, ni de décoration inutile dans les bureaux où n'entrent jamais les visiteurs de marque. Le Général y veille. Pour compléter aux moindres frais l'équipement de ces bureaux on puisera donc dans les réserves du Congrès de Versailles, sans trop se soucier d'harmoniser les styles. Ainsi va se créer le nouveau cadre de la fonction présidentielle, et pendant les dix années à venir, il ne subira que très peu de retouches.

Charles de Gaulle a pris possession avec une souveraine indifférence de l'appartement privé que vient de quitter René Coty. Situé au premier étage, dans le pavillon est, cet appartement comprend cinq pièces principales dont les plus agréables sont le « salon Jaune » et la chambre à coucher qui en occupent l'extrémité. Il ne lui apportera qu'un minimum de modifications. Mme de Gaulle, elle, s'est installée en ces lieux en constatant simplement : « Nous voilà donc en meublé ! »

Dans la tradition de la bonne bourgeoisie française, vivre *en meublé* est une condition peu enviable et à coup sûr inconfortable. Fût-ce dans un palais. La bonne règle est de vivre vraiment chez soi, en famille et *dans ses meubles.* Et pour Yvonne de Gaulle ce ne peut être qu'à La

Boisserie. Certes, depuis près de quarante ans elle a partagé la vie errante d'un officier de carrière, mais, l'heure de la retraite venue, elle avait rêvé d'une existence paisible loin des bruits de la ville et des obligations officielles. Il lui faut se résigner à devenir la première dame de France en sachant, depuis toujours que, épouse du général de Gaulle, elle n'a pas droit aux états d'âme.

Toutefois, elle ne transfère à l'Elysée aucun des objets familiers de Colombey. Le seul apport nouveau est constitué de deux lits de deux mètres dix... Mais elle tient essentiellement à ce que son appartement soit *privé* au plein sens du terme. Dans ses *Mémoires d'espoir,* le Général note simplement : « Le temps, bien court, que ne me prend pas l'exercice de mes fonctions, je le passe avec ma femme en toute intimité. Le soir, la télévision et, quelquefois, le cinéma font défiler devant nous nos contemporains, au lieu que ce soit l'inverse. Le dimanche, viennent nous voir nos enfants et petits-enfants s'ils sont présents à Paris et que mes obligations le permettent. »

Yvonne de Gaulle a organisé *sa* maison selon les principes d'économie et de rigueur qui lui furent inculqués pendant sa jeunesse et sur lesquels elle ne transige jamais. Un de ses soucis, souvent renouvelé, était l'engagement d'une femme de chambre — qu'elle appellera toujours une soubrette — et dont elle attendait toutes les qualités, notamment qu'elle se comporte selon la meilleure tradition provinciale du début du siècle. Or sa belle-sœur, Mme Vendroux, lui a chaudement recommandé une jeune femme qui semble parfaite à tous égards. Elle est discrète, efficace, honnête. Ses talons plats, sa mise modeste et son absence de maquillage plaident d'ailleurs en sa faveur. Pourtant, avant de la prendre à son service à l'Elysée, Mme de Gaulle a longuement hésité. Pourquoi ? Cette perle est divorcée, donc en situation « irrégulière ».

Elle a une préoccupation majeure : les menus quotidiens. Ils sont affaire entre elle et le chef cuisinier : au début un quartier-maître de la Marine détaché à l'Elysée qui, chaque matin, vient lui proposer un choix et entendre ses instructions. Or le Général a un solide appétit, un goût marqué pour les plats régionaux comme la potée lorraine, le bœuf bourguignon, la saucisse au chou ou le pot-au-feu, et un faible pour les desserts, en particulier les œufs à la neige. Mais sa tendance à l'embonpoint lui impose un régime qui l'agace et qu'il faut savoir lui faire accepter sans qu'il le remarque trop. Filets de sole et grillades sont souvent à l'ordre du jour… Parfois il se rebelle. Certain vendredi, voyant apparaître un plat de poisson, il se tourna vers sa femme et lui déclara avec quelque sévérité : « Ma chère amie, je vous ai déjà dit qu'à la table d'un militaire le poisson n'est pas de rigueur le vendredi. » « Bien mon ami », lui répondit-elle d'une voix douce…

Mme de Gaulle adore faire elle-même ses achats, et sa nouvelle situation de première dame de France n'est pas de nature à l'en détourner. Aussi sort-elle discrètement, sans policier d'escorte, seule passagère d'une D.S. noire conduite par le chauffeur habituel, pour faire le tour de ses magasins favoris. Elle visite régulièrement Fauchon où elle achète gâteaux secs, thé, confitures, bonbons anglais destinés à ses petits-enfants, passe à la Maison de la Truffe dont les produits du Périgord sont très appréciés du Général, fait un crochet chez Creplet son fournisseur attitré de fromages dont une spécialité du Nord — la mimolette — et s'attarde volontiers au *Bon Marché*...

La vie quotidienne à l'Elysée s'inscrit dans un emploi du temps d'une rigueur toute militaire. Hiver comme été, le Général se lève un peu après sept heures, prend son petit déjeuner en lisant les journaux du matin et, vers neuf heures et demie, s'installe à son bureau. A treize heures, il se dirige vers la salle à manger gris et bleu des petits appartements du rez-de-chaussée de l'aile basse où l'attend Mme de Gaulle, avec généralement quelques invités. Le déjeuner est vite expédié car il a horreur des repas qui s'éternisent. Après le café il offre des cigarettes à ses hôtes, mais lui ne fume plus depuis l'âge de soixante ans. Une habitude dont, à l'en croire, il se débarrassa aisément : « C'est très simple : vous annoncez à votre femme et à votre entourage que vous allez cesser de fumer... et vous cessez ! » A un ami il confiera cependant « qu'on ne s'en console jamais complètement »... Si le temps le permet il fait ensuite quelques pas dans le parc, une visite aux cygnes du bassin, puis retourne à son travail. Sauf réception ou obligations protocolaires, il ne le quittera que vers dix-neuf heures trente pour se retirer dans ses appartements sans jamais oublier de recommander à son aide de camp d'éteindre les lumières.

C'est le seul moment de la journée où le couple présidentiel peut converser en toute intimité. Le dîner en tête à tête est servi juste après les informations télévisées de vingt heures. Il vide son assiette sans reprendre son souffle, pose ses lunettes sur la table et, en attendant la suite, soliloque sur les événements et les gens. Mais parfois c'est elle qui lui raconte sa journée dans un Paris quotidien où il n'a plus le loisir de se rendre, et c'est par elle qu'il connaît ainsi les encombrements de la circulation, les prix qui montent, l'humeur des commerçants et de leurs clients. Et même ce qui la scandalise fort et qui lui l'amuse : par exemple, la traversée impromptu d'une rue chaude jalonnée de demoiselles de petite vertu.

La soirée se poursuit au salon Jaune où ils prennent leur tilleul-menthe en regardant la télévision. Celle-ci apporte au Général les images du monde « comme il va » et lui donne l'occasion d'exercer un humour qu'il a féroce mais ne peut déployer vraiment qu'à l'abri des oreilles indiscrètes. La retransmission des rencontres sportives l'intéresse, mais il dit : « Je n'aime pas quand les Français perdent. » Chacun a ses chanteurs préférés. Lui se délecte de Brassens et Bourvil, elle préfère Jacques Brel qui vient de son terroir. Son regret, c'est la rareté des diffusions à l'antenne de bonnes pièces de boulevard. Yvonne hasarde parfois un commentaire sans intervenir dans le choix de l'émission…

Le dimanche après-midi, les aides de camp organisent souvent, à la demande du maître de céans, une projection. C'est le service cinématographique de l'Armée qui opère. Le film est choisi sur une liste dont Philippe de Gaulle assure le visionnage. Le Général aime les films d'action, il lui arrive de réclamer un James Bond et il s'amuse volontiers à interroger à brûle-pourpoint ses collaborateurs sur les programmes des salles parisiennes. On sait son goût pour les thèmes classiques et militaires, voire les histoires de cape et d'épée. Du *Lagardère* il dira : « C'était très bien ça. C'était tonique. C'était bon pour les Français. » Néanmoins, à l'occasion, il souhaiterait voir des films moins… conventionnels, mais il lui faut compter avec l'extrême pruderie de sa femme. Dans de telles conditions, la sélection de films à la fois « convenables » et pourtant pas trop édifiants devient la quadrature du cercle.

Restent comme délassement les sorties privées. Dans la petite histoire de l'Elysée, elles sont un peu de tradition et la plupart des présidents de la République ont fait de temps en temps des escapades, hors protocole, en simples citoyens. Dans les premiers mois du septennat, les de Gaulle auraient aimé renouer avec cette tradition des promenades au bois de Boulogne, des soirées privées au théâtre et des dîners en ville. Voire, passer la petite porte donnant sur l'avenue Gabriel et, accompagnés d'un aide de camp, d'entrer de plain-pied dans le brouhaha de la rue, de retrouver, l'espace d'un moment, tout un monde de bruits et d'odeurs avec le sentiment heureux de la liberté retrouvée.

On les verra deux ou trois fois à la Comédie-Française ou à l'Odéon, une seule à l'Opéra en dehors des soirées de gala. Le Général est un fervent des pièces classiques du répertoire mais l'art lyrique l'assomme. Il rêve de revoir les opérettes de sa jeunesse, mais le protocole estime que la dignité de sa fonction ne lui permet pas d'aller au Châtelet ou à Mogador... En fait, il est trop reconnaissable dans une foule et, très vite, il doit renoncer à des sorties qui plongent le service de sécurité dans les transes. Au mieux, le couple présidentiel s'offrira le luxe d'une courte promenade en voiture à travers les rues de la capitale.

En revanche, les dîners en ville permettent épisodiquement des évasions préparées et surveillées. Charles et Yvonne de Gaulle retrouvent ainsi avec plaisir le chemin du 14, square Desaix où ils vécurent quarante ans auparavant et qu'habitent toujours le général Ditte et son épouse, de vieux amis du temps de l'Ecole de guerre. Avant de quitter l'Elysée, le Général s'assure simplement que... leur ascenseur n'est pas en panne.

Les dimanches passés à Paris — un sur deux — sont mornes et silencieux. Comme ceux d'une « permanence » dans un grand palais désert. A midi, en la minuscule chapelle de l'Elysée, le couple entend la messe célébrée, quand il est à Paris, par le père François de Gaulle, neveu du Général, et servie par un aide de camp. C'est le temps fort de la journée sans toutefois les pompes liturgiques que Mme de Gaulle regrette un peu. Après le déjeuner auquel, parfois, les petits-enfants mettent un peu d'animation et un petit tour du parc, lui se consacre à son courrier personnel et à la dédicace de ses livres, pendant qu'inlassablement elle tricote en rêvant au prochain week-end à Colombey. Mais il n'est pas rare que, saisi brusquement par le tracassin, le Général file vers son bureau du salon Doré et convoque sur-le-champ tel ou tel de ses collaborateurs.

Contrainte de vivre à l'Elysée qu'elle n'aime

pas, Yvonne de Gaulle n'éprouve aucune curiosité à l'endroit des rouages de la présidence de la République. Toutefois, elle connaît les principaux membres du cabinet, du secrétariat général, de l'état-major particulier, qu'elle rencontre au cours des réceptions officielles. Elle sait tout de leur situation de famille, de leurs enfants, et même, en interrogeant son entourage, de leur caractère ou de leurs penchants. Car elle estime de son devoir de veiller à la « bonne moralité » de tous ceux qui travaillent avec le grand homme.

A ses yeux, il serait inconvenant que, sous son toit, certains, quels que soient leur rang ou leurs fonctions, ne soient pas tout à fait irréprochables. Tout spécialement au chapitre des mœurs. Etre divorcé ou, pire encore, avoir une liaison hors du mariage, c'est vivre dans le péché. Le tolérer, ne serait-ce pas s'en rendre complice ? Si c'est cela aucun compromis n'est acceptable. Une jeune veuve habitant l'Elysée qui avait un « ami » eut ainsi la mauvaise surprise, alors qu'elle était en traitement à l'hôpital, d'y recevoir ses bagages en signe de congé. Et quand, sur les listes d'invités, Mme de Gaulle relève le nom d'une personne, homme ou femme, dont la situation matrimoniale n'est pas claire ou le libertinage notoire, sa réprobation peut aller jusqu'au veto. Cette rigidité, peu en accord avec les mœurs du temps, fit d'abord sourire, mais elle conduisit chacun et chacune à mieux protéger ses « petits secrets » et lui valut, dans *Le Canard enchaîné* le surnom de « Madame de Maintenant ».

La présence des secrétaires, surtout quand elles sont jeunes, jolies et coquettes, est également pour elle une source de tourments. D'ailleurs, depuis longtemps, elle les voit comme prédestinées au péché et semant le trouble dans les âmes de ceux avec qui elles travaillent. En fait depuis Londres où les volontaires féminines de la France Libre étaient réputées... libérées. Elisabeth de Miribel, exemplaire de rigueur et de désintéressement au service du Général, n'échappera pas à la règle.

Les dames et demoiselles des services de la Présidence de la République ont été soigneusement sélectionnées pour leurs qualités professionnelles, leur discrétion et leur moralité. Il n'empêche qu'elles représentent l' « éternel féminin » et qu'on peut aisément les imaginer chassant le « beau parti » ou brisant les ménages sous les lambris dorés de l'Elysée. D'où une vigilance constante exercée à distance, car Yvonne de Gaulle ne circule jamais dans le petit monde bruissant des bureaux et un haut fonctionnaire rapporte qu'elle vit si retirée « qu'il y a des gens travaillant ici qui ne l'ont jamais vue ».

Dans la ruche bourdonnante qu'est devenue l'Elysée sous de Gaulle, ceux qu'elle préfère sont les aides de camp. Elle connaît leur fidélité et leur dévouement au Général ; ce sont eux qu'elle rencontre le plus souvent à l'occasion des voyages à Colombey ou à travers la France et des visites officielles à l'étranger et qui trouvent toujours des solutions aux problèmes quotidiens les plus divers. Ils occupent d'ailleurs une situation particulière et privilégiée au sein du Cabinet par leur contact permanent avec le maître de céans, premiers informés de ses audiences ou de ses projets de déplacements, mieux au courant que quiconque de ses humeurs.

Leur bureau est un lieu stratégique, point de passage obligatoire pour accéder au bureau du Général. Les ministres, les généraux, les hauts fonctionnaires, s'y arrêtent, serrent les mains, bavardent un court instant. Sauf un « qui nous toisait sans jamais sous adresser la parole » racontent encore les anciens aides de camp qui ne l'ont jamais oublié : un jeune secrétaire d'Etat nommé Valéry Giscard d'Estaing. Une attitude encore confirmée par le personnel féminin du secrétariat privé qui l'oppose à celle très « Grand Siècle » du Général.

Parmi les aides de camp qui se sont succédé auprès du général-président, quelques-uns occupèrent leur poste sans désemparer pendant une longue période. Notamment Gaston de Bonneval, Raymond Sabot, Jean Martin d'Escrienne et François Flohic qui font vraiment partie de la « maison du Général ». Ils savent tout des obligations officielles du Président ainsi que des habitudes et des petites manies du citoyen Charles de Gaulle. Discrets, omniprésents, attentifs aux moindres détails, chacun d'eux a son style. Le Général apprécie l'efficacité calme, aussi est-il parfois agacé par l'agitation du colonel de Bonneval surnommé « cocotte-minute ». Mais seuls les reportages télévisés de ses activités officielles lui révèlent ce qu'il ne peut observer du comportement des uns et des autres. Ce qui provoque des explosions du genre : « Bonneval ! faut-il encore vous rappeler qu'on ne gesticule pas quand on accompagne le chef de l'Etat ? » Ses colères, réelles ou feintes, « coups de gueule » dans la tradition militaire, sont d'ailleurs sans conséquences. Tout au plus une certaine manière d'éviter le relâchement.

Pour les aides de camp, Mme de Gaulle est tout simplement « tante Yvonne ». On ne saura sans doute jamais qui, le premier, utilisa cette appellation à usage interne de la « générale [1] ». Elle convient d'ailleurs fort bien à cette femme timide qui préfère le tricot aux mondanités et, sans doute, lorsqu'elle eut vent de ce surnom familier, l'accepta-t-elle de très bonne grâce. Toujours est-il que les gaullistes, puis la France entière, le reprendront à leur compte.

Le commandant Raymond Sabot a été plus particulièrement chargé de lui apporter son aide pour toutes ses activités semi-officielles. C'est un Lorrain solide et tranquille, rallié de la première heure à la France Libre, Compagnon de la Libération, qui n'a pratiquement pas quitté le Général depuis 1947. Un de ces officiers un peu taciturnes comme on l'est dans les provinces du Nord et de l'Est, sur lequel on peut compter en toutes circonstances.

En mai 1958, c'est lui, sans trêve ni repos, qui accompagne le Général courant la poste pour trouver une issue à la crise du régime. Le 22 mai, il prend en charge Antoine Pinay à Bar-sur-Aube et le conduit à tombeau ouvert à La Boisserie, non sans emboutir un troupeau de vaches dans la traversée de Colombey. Le 26, il est au côté du Général, roulant vers Saint-Cloud pour une rencontre secrète avec Pierre Pflimlin, et détient la

1. Elle est, semble-t-il, née de l'interrogation familière : « Savez-vous où est tante Yvonne ? » de Geneviève de Gaulle à laquelle le Général et sa femme portaient une grande affection.

clé du domicile du conservateur du domaine, M. Bruneau, où l'entretien doit avoir lieu. L'un et l'autre un peu inquiets des risques de guet-apens...

Deux jours plus tard, nouveau voyage tout aussi secret à Saint-Cloud, cette fois pour y rencontrer André Le Troquer et Gaston Monnerville. Le processus du retour aux affaires du « plus illustre des Français » étant désormais bien engagés, ils rentrent en pleine nuit à Colombey. Fatigué et affamé, de Gaulle entraîne son aide de camp, chauffeur, messager et garde du corps à la cuisine de La Boisserie et, là, les deux hommes se partagent le saucisson, le camembert et le litre de rouge de la victoire...

Depuis l'installation à l'Elysée, Raymond Sabot se trouve investi de responsabilités plus bourgeoises. Il se souvient encore de l'effarement du vendeur du Mobilier national auquel il demandait, sans être accrédité, de faire livrer les fameux lits de deux mètres dix au général de Gaulle. Ou de ses recherches dans les magasins pour dénicher tel appareil ménager que tante Yvonne lui avait très vaguement décrit... Grandeur et servitudes des fonctions, souvent extensibles, de l'aide de camp...

Deux secrétaires ont été mises, très officiellement, à la disposition de Mme de Gaulle pour dépouiller son courrier et y répondre. Chaque jour, plusieurs centaines de lettres lui sont adressées de tous les coins de France. Beaucoup de « cas sociaux » selon la formule consacrée, des demandes de secours, d'intervention auprès de l'administration, de parrainage du dernier-né de la famille (cent soixante-dix sept seront retenus), de subventions à des organisations charitables, des pensionnats de jeunes filles en difficulté, des curés de village souhaitant restaurer leur église, etc. Dans ce flot, il faut trier, sélectionner, répartir équitablement les soutiens financiers et les « bonnes paroles ». Un véritable casse-tête.

Yvonne de Gaulle examine attentivement les cas intéressants et, au besoin, fait effectuer une enquête discrète par les préfets sur leur bien-fondé avant de préparer une réponse... qu'elle ne signe pas elle-même pour éviter son utilisation abusive. On reconnaît là le soin méticuleux, et la méfiance, que les Vendroux apportaient à ce genre de problèmes dans leur bonne ville de Calais. Les aides accordées, et méritées, partent par mandats déposés aux bureaux de poste de la rue La Boétie et de la rue d'Anjou. Elles ne sont pas renouvelées automatiquement. C'est ainsi que Joséphine Baker, dont l'œuvre pour enfants aux Milandes a toujours été encouragée, se verra rayée de la liste lorsque l'on pourra craindre qu'à son insu la « subvention » soit partiellement détournée de sa destination.

Mais jamais elle n'est mieux ni davantage dans son rôle de « tante Yvonne » qu'à l'approche de Noël lors de la préparation des cadeaux destinés à ses proches. Une tradition, presque un rite domestique, auquel elle consacre une longue journée dans ses appartements privés, avec l'aide et la complicité du commandant Sabot. Elle, perplexe, tatillonne, soucieuse d'équité et tenant néanmoins à marquer les différences entre les uns et les autres Lui, à quatre pattes sur le tapis, composant et recomposant les lots de chacun, suggérant des changements en fonction de ce qu'il connaît des goûts de chacun. Et le Général passant par là, contemplant, goguenard, cette affaire d'intendance.

Ce n'est pas d'ailleurs la seule cérémonie annuelle de distribution de cadeaux qui ait pour cadre l'Elysée. Elle se répète à l'occasion de la répartition des pièces tirées lors des chasses de Rambouillet selon des règles immuables. Trois ou quatre faisans au plus sont offerts à Philippe de Gaulle, à Elisabeth de Boissieu, au premier ministre et à quelques personnalités, la plus grande partie va à des institutions civiles ou militaires.

Les retours des voyages officiels à l'étranger donnent également lieu, selon d'autres règles, à une répartition des cadeaux officiels. On sait combien le Général est catégorique sur ce point. Les objets de valeur qui lui sont offerts partent immédiatement pour un musée judicieusement choisi, les autres vont à titre de « souvenir » à son entourage. Et les personnalités qui l'accompagnent dans ces voyages et bénéficient ès qualités de cadeaux, se voient moralement obligées, elles aussi, de se plier à cette règle d'or.

Quelques rares personnes extérieures à l'Elysée ont accès aux appartements privés, ce qui leur vaut le privilège de rencontrer Charles de Gaulle « en pantoufles » sous le regard vigilant de tante Yvonne. En particulier, un coiffeur jovial et volubile, toujours en retard sur l'horaire fixé et l'expliquant, chaque fois, par les difficultés de la circulation. Vêtu d'un peignoir et installé dans sa salle de bains, le Général l'attend en maugréant un peu. Mais il prise assez ces séances que l'homme aux ciseaux définit par : « Je lui en retire plus dans les oreilles que sur la tête », car elles sont un moment de détente et une ouverture sur un monde populaire et familier, plein de bonnes histoires et de réflexions cocasses. Un tête à tête entre le roi et son barbier au Moyen Age...

En revanche, il apprécie moins le tailleur militaire qui l'habille et qui, à ses yeux, ne peut qu'être ennuyeux. D'ailleurs les essayages l'agacent. La solution sera vite trouvée : « Il a mes mesures, qu'il se débrouille ! » Peu importe si ces mesures évoluent quelque peu et si les costumes ne sont pas toujours parfaitement coupés : la mode, les élégances, n'ont jamais fait partie des préoccupations de Charles et d'Yvonne de Gaulle. Et, selon les doctes principes en vigueur chez les vieux militaires et les notables de province, la qualité du drap l'emporte sur celle de la coupe.

De son côté, tante Yvonne fait venir sa coiffeuse : Mlle Maupoux. Une femme très stricte qui connaît bien les goûts classiques de sa « cliente » et sait l'inutilité de lui proposer une coiffure nouvelle plus en accord avec la mode de l'année. Pour ses toilettes, elle s'adresse à Jacques Heim[1] qui lui délègue son fils et une habilleuse attitrée, porteurs d'un choix de modèles également très classiques, dans les tons mauves et gris tourterelle qu'elle affectionne, et ornementés de dentelle de Calais comme elle le souhaite par fidélité à sa ville natale. Quant à la modiste qui lui confectionne ses étonnants et immuables chapeaux, c'est un mystère.

1. Il a ses mesures : tour de poitrine 1 m, de taille 98 cm, de hanches : 1 m.

La vie quotidienne à l'Elysée, ce sont aussi des obligations semi-officielles, ou des « convenances » sur lesquelles le protocole présidentiel est muet : les audiences accordées aux femmes des ambassadeurs avant leur départ à l'étranger. En ce domaine, le Général lui laisse entièrement carte blanche et elle doit improviser au mieux avec le secours de l'indispensable aide de camp. Son souhait serait d'esquiver ces rencontres qui lui paraissent oiseuses et de dissuader les demandes présentées comme une marque de déférence à la « première dame de France ». Tout au moins de les limiter à celles des épouses des « grands » ambassadeurs.

Avant tout elle tient à s'informer. Un peu dans le style du Général rencontrant un militaire inconnu : « Qui êtes-vous ? Que faites-vous ? Où allez-vous ? » Mais c'est à l'aide de camp que revient la mission de lui communiquer ce genre de renseignements sur la demanderesse. Ses origines et ses attaches familiales, sa personnalité, ses goûts, ses enfants, le pays où elle va, la carrière de son mari, tout ce qui lui permettra de répondre favorablement ou non et, le cas échéant, d'alimenter la conversation. Il est de bons et de mauvais profils. Le meilleur serait celui d'une mère de famille, née dans le Pas-de-Calais, bonne catholique, épouse d'un ancien de la France Libre, gaulliste de toujours. Le plus mauvais, celui d'une divorcée, sans enfant, dont le mari se réfugia dans l'attentisme de 1940 à 1944.

Mais, dans tous les cas, les audiences sont brèves. Yvonne de Gaulle est peu à son aise face à des personnes inconnues. Elle s'enquiert aimablement de la santé et des études des enfants, prodigue éventuellement quelques conseils, glisse quelques mots sur les dangers moraux qui les guettent, se réfugie dans les banalités. Parfois son interlocutrice éveille son intérêt en abordant un sujet qui lui tient à cœur, les voyages, les fleurs de la montagne ou les fruits tropicaux. Mais le plus souvent la conversation traîne jusqu'à l'apparition de l'aide de camp qui, les vingt minutes écoulées, vient lui rappeler une « obligation impérative ».

Ainsi va la vie privée de la première dame de France. Sans bruit, sans à-coups, jalousement préservée de l'agitation du monde. Comme elle le fut depuis ce jour d'avril 1921 où elle épousa un capitaine qui « remuait des idées » et, dès lors, tout au long d'un itinéraire mouvementé. Plongeant ses racines et son inspiration dans un milieu familial nourri des vertus bourgeoises et chrétiennes du XIXe siècle. Dans un des ouvrages qu'il a consacrés à de Gaulle, Emmanuel d'Astier note : « Pour l'œuvre elle n'a pas voix au chapitre. Les femmes n'ont pas de tête. Elle est au service pour lui comme il est au service pour la France. Mais elle a une grande influence sur sa vie à Colombey, comme elle l'aura à l'Elysée, en gouvernant le quotidien, l'appareil de la maison, le petit ordre social. Quand les femmes ne sont pas un beau tourment, il faut les séparer et leur abandonner leur part... [1]. »

1. *Les Grands,* Gallimard, 1961.

10

Ce sont les affaires de la France

Pas davantage que les précédentes, la Constitution de la Vᵉ République n'a défini le rang protocolaire et les prérogatives de l'épouse de l'homme qui, pour sept ans, en assume la présidence. Certes, elle est *de facto,* comme par héritage de l'Ancien Régime, la « première dame de France ». Mais, juridiquement, sa situation matrimoniale ne lui confère aucune parcelle du pouvoir que son mari tient du suffrage universel, ni la reconnaissance, fût-ce tacite, d'un droit quelconque à le représenter en quelque circonstance que ce soit. Elle n'existe que par lui et exclusivement à ses côtés. Seule, elle n'est plus qu'une personne privée.

Le général de Gaulle a tenu à maintenir et même à renforcer cette tradition républicaine. Par respect pour la fonction présidentielle qui ne se partage pas ; peut-être en songeant aux malencontreuses intrusions de reines et d'impératrices dans notre histoire ; sûrement par souci d'un bon usage de la démocratie. Et aussi, sans doute, parce que, d'une façon plus générale, il estimait que les femmes — auxquelles il accorda pourtant le droit de vote — devaient conserver, à l'égard des grandes affaires, une discrétion de bon aloi. Claude Dulong écrit à ce sujet :

« Il ne pouvait supporter qu'elles se glorifiassent de leur réussite ou de celle de leurs maris et qu'après la mort de ceux-ci elles se crussent obligées de perpétuer à grand bruit leur souvenir et de réclamer des honneurs qui n'étaient dus qu'à eux. A ce titre les veuves de guerre (je parle de celles qui militaient dans les associations ou, pire, les présidaient) l'irritaient particulièrement. D'une veuve illustre et dont les prétentions l'agaçaient d'autant plus qu'elles s'ajoutaient à une hostilité politique agissante, il disait : " La dinde ! Ce n'est tout de même pas elle qui a franchi le Rhin[1] ! »

Enfin, le Général considérait que les membres de sa famille ne pouvaient, en aucune façon, bénéficier de promotions, de faveurs, d'avantages ou de privilèges exceptionnels, et même qu'ils étaient astreints au devoir de réserve. Il va sans dire que Mme de Gaulle n'aurait pas imaginé qu'il en fût autrement. Quant au rôle qu'elle avait à jouer, il lui avait toujours été distribué et tracé par son mari dès que la pièce devenait officielle.

Or, pour Charles de Gaulle, la femme du Président de la République est d'abord maîtresse de maison à l'Elysée. Dans ses *Mémoires d'espoir*, il le dit et évoque ce que cela implique :

« La résidence du Président est naturellement le cadre de continuelles visites, invitations et cérémonies. Comme tout compte, s'il s'agit du

1. *La Vie quotidienne à l'Elysée au temps de Charles de Gaulle*, Hachette.

prestige de l'Etat, je tiens pour important, qu'à cet égard, les choses se passent avec ampleur et mesure, bonne grâce et dignité. C'est bien aussi ce que veut la maîtresse de maison, ma femme. Le directeur du protocole, Ludovic Chancel, puis Pierre Siraud, s'y emploie efficacement. Nos réceptions sont donc fréquentes et nous tâchons qu'elles soient de bon ton. Au cours de cette période, indépendamment de mes quatre milliers d'invités dans toutes les préfectures de France, quinze mille Français et étrangers s'assoient à notre table à l'Elysée. Autant d'autres y sont accueillis. »

Cette statistique recouvre une organisation déjà bien rodée par quatre-vingts ans de fastes républicains, un nouveau style qui porte la marque du Général et, plus qu'on ne le pense, celui de Mme de Gaulle. Lui, a horreur du débraillé et même du côté familier et bon enfant de la IIIe et de la IVe. Il pousse très loin le souci de l'étiquette et apporte le même soin à l'ordonnance d'une réception de gala qu'à celui, jadis, d'un défilé militaire. Elle, supervise l' « intendance », donne une touche personnelle aux détails et veille au « bon ton ». Une charge qui peut être lourde pour les dîners d'apparat à l'occasion de la visite de chefs d'Etat ou de souverains étrangers. D'autant que de Gaulle entend personnaliser ses réceptions en fonction de son hôte, de telle sorte que chacun se sente l'objet d'égards particuliers.

Mme de Gaulle « gère » l'héritage de celles qui la précédèrent à l'Elysée avec la méticulosité d'une maîtresse de maison bourgeoise détestant le gaspillage. Le conservateur de l'argenterie Louis XV et fin XIXe, des services de Sèvres datant de l'Empire et de la Restauration, et des cristaux de Baccarat vient prendre ses instructions avant chaque grande réception ; comme le fait, d'ailleurs, celui qui a la responsabilité d'une très belle collection de nappes, dont celles brodées d'or laissées par Mme Auriol et désormais réservées aux seuls dîners d'apparat. C'est elle aussi qui discute de la décoration florale des salons avec Marius Harris en y apportant sa compétence étendue dans l'art des bouquets. Et c'est elle encore qui choisit le programme de musique de chambre qui sera interprété après le dîner, avec une préférence pour Händel et Vivaldi mais en faisant place aux compositeurs du pays de l'invité d'honneur.

Il va sans dire qu'elle tient le Général au courant de ses choix et qu'au besoin elle le consulte sur les petits détails qui ne lui échappent jamais. Il regarde toujours attentivement la liste des invités, biffe parfois un nom pour en ajouter un autre, vérifie le plan de table et, éventuellement, bouleverse l'ordre des préséances en vertu de considérations qu'il est seul à connaître. Il se réserve également le choix du divertissement accompagnant la grande réception qui succède au dîner offert à un chef d'Etat ou à un roi en visite officielle. Selon la saison, ce peut être un récital de danse classique ou, ce qu'il préfère, une reconstitution historique dans les jardins de l'Elysée d'où surgissent, dans les roulements de tambours et les sonneries de trompettes, des escouades de gendarmes costumés en grenadiers de l'Empire. Le Rêve passe...

Les menus ne sont plus ce qu'ils étaient au temps d'Armand Fallières ou même de René

Coty. A la République des interminables banquets a succédé celle des repas simples expédiés en un peu plus d'une heure. De Gaulle en a fixé la composition par une instruction verbale : un consommé, un poisson, une viande et quelques légumes, un dessert. Plus de fromages qui font perdre du temps... A Mme de Gaulle de choisir la nature des plats avec un traiteur qui est souvent Battendier. Des splendeurs du passé, ne restent plus que les vins qui, eux, sont des meilleures années et des meilleurs crus.

On le sait, Mme de Gaulle n'aimait guère ces grands dîners et ces soirées de gala qui étaient exténuants. Comme le Général, elle avait d'abord à subir, debout, les deux longues épreuves de présentation des invités annoncés l'un après l'autre par l' « aboyeur ». Ceux qui figurent au dîner, puis ceux, beaucoup plus nombreux, de la réception dans la grande salle des fêtes. Un défilé d'hommes en habit (de rigueur) ou en tenue nationale (de cérémonie) pour les étrangers, et de femmes suprêmement élégantes ou mal fagotées dans des robes longues empruntées à leurs amies. Cinq ou six cents mains à serrer avec un sourire... n'excluant pas un regard critique, parfois nettement désapprobateur, sur celles qui affichent des toilettes jugées trop extravagantes en ces lieux et, surtout, des décolletés plongeants jugés attentatoires au bon ton...

C'est aussi, pour elle, l'obligation de « faire la conversation » à l'épouse de l'hôte d'honneur de l'Elysée. Le protocole lui a communiqué tout ce qu'il connaissait de ses origines familiales, de ses enfants, de ses goûts, de ses violons d'Ingres. Des informations souvent vagues et incomplètes, en particulier lorsqu'il s'agit de l'épouse qui doit accompagner un chef d'Etat oriental ou africain. Or, c'est en cette circonstance que Mme de Gaulle tient absolument à savoir *qui* elle reçoit. Une femme légitime de premier rang, une épouse seconde ou troisième, pire encore la concubine favorite ? Et l'on sait combien certaines situations matrimoniales de ce genre peuvent être compliquées !

En fait, les conversations avec les femmes des chefs d'Etat étrangers, au cours de ces réceptions, sont le plus souvent échanges de banalités. Surtout quand le truchement d'un interprète s'avère indispensable. Mais, avec celles qui parlent le français, il advient que le courant passe. Ce fut notamment le cas avec la chahbanou Farah Diba qu'elle dit « belle, charmante, douce et bien élevée », avec la reine Sirikit de Thaïlande qui fascina le Général et son entourage, avec la princesse Grace de Monaco, et même avec Jacqueline Kennedy qu'elle invita personnellement à venir se reposer en France après l'assassinat de son mari.

Les petits dîners et les déjeuners dans les petits appartements de l'Elysée, ceux qui réunissent moins de vingt convives, offerts à l'occasion de la visite privée à Paris d'un chef d'Etat, d'un souverain, d'une haute personnalité étrangère, ou simplement pour honorer un homme de grand renom, se déroulent selon un protocole standard moins astreignant. Les hommes sont en tenue de ville sombre, les femmes en robes courtes ou en tailleur, mais, comme il est spécifié, avec chapeau... car se présenter « en cheveux » serait vulgaire et inconvenant. Les conversations sont généralement moins conventionnelles. Après le repas, on passe au salon où les femmes vont s'asseoir en rond autour de Mme de Gaulle. Le Général, debout, devise quelque temps avec les hommes puis les entraîne vers les « dames » pour échanger avec elles quelques propos et, bientôt, donner le signal du départ.

Il y a, enfin, les grandes réceptions offertes à l'occasion des fêtes nationales et dont le buffet est confié généralement au traiteur Potel et Chabot. Là c'est un peu la cohue. Mme de Gaulle s'efforce de ne pas quitter des yeux son grand homme qui circule de groupe en groupe, adressant un mot aimable ici et là, très à son aise, galant et volontiers malicieux. Les familiers sourient lorsqu'ils le voient prendre une coupe de champagne, entorse à son régime, et la vider ostensiblement en regardant dans la direction où il sait que sa femme l'observe... Quant aux galas officiels à l'Opéra, ils font partie des fastes de la République avec la montée du grand escalier entre les gardes républicains sabre au clair, et un programme qui comporte inévitablement la présentation du Corps de ballet et la *Suite en blanc,* et très rarement une heureuse innovation, telle l'introduction du Ballet royal du Cambodge lors de la visite du prince Sihanouk.

Les sorties officielles pour présider des manifestations autres que nationales et patriotiques sont rares. De Gaulle a dit clairement qu'il ne serait pas le président qui « inaugure les chrysanthèmes ». Sans doute, Mme de Gaulle qui aime tant les fleurs le regrette-t-elle un peu... Pourtant, ils sont l'un et l'autre à l'ouverture des Floralies (internationales, il est vrai) au rond-point de la Défense, le 28 avril 1959. Et, au fil des ans, il y aura d'autres inaugurations, d'autres visites. Au Parc des Expositions, au Concours agricole, au Salon de l'auto, au musée du Louvre. Des bousculades qu'il supporte avec bonne humeur et amusement, mais qu'elle n'apprécie pas du tout. Comme ces finales de la Coupe de France de football à Colombes ou au Parc des Princes qui la laissent de glace...

Le 31 janvier 1959, trois semaines après leur entrée à l'Elysée, ils ont présidé le bal de la Saint-Cyrienne à l'hôtel Continental. Emus, sans doute, et tournant dans leurs têtes les souvenirs de leur premier bal de Saint-Cyr, à l'hôtel des Réservoirs de Versailles, un jour de novembre 1920. La première dame de France a rejoint dans le temps la jeune fille de vingt ans qui, avec sa mère, préparait le cœur battant une soirée qu'elle rêvait et pressentait décisive... En premier lieu par le choix difficile d'une robe de bal « comme il faut » aux Trois Quartiers qui avaient les préférences de Mme Vendroux... et celles du chroniqueur de mode du *Figaro* « parce qu'ils nous offrent une recherche, un tact très sûr, très parisien, même lorsqu'ils poussent en avant une pointe quelque peu osée dans le domaine du modernisme ». Et cette robe, elle la revoit : sage et classique, en crêpe de Chine pervenche.

Puis était venu le grand jour. Les recommandations maternelles, le voyage à Versailles dans une voiture de louage, son frère Jacques promu au rôle ingrat de chaperon, enfin l'accueil du haut capitaine, un peu raide dans son bel uniforme, un peu crispé dans ses phrases de bienvenue. Après, cela se brouille un peu dans sa mémoire... Leur première danse, était-ce une valse-hésitation ou un tango langoureux ? Ce dont elle se souvient c'est qu'ils parlèrent beaucoup, que Charles déployait toutes les ressources de son esprit pour la faire rire, qu'il écoutait ses confidences sur son amour de la montagne et des fleurs et semblait même le partager, enfin qu'ils se découvrirent des amis communs du meilleur monde... Plus de trente-huit ans ont passé !

Comme il se doit, Mme de Gaulle accompagne le Général dans tous ses déplacements à travers la France. Ces voyages cavalcadants sont d'ailleurs évoqués avec une jubilation évidente dans les *Mémoires d'espoir :* « Chaque département est parcouru tout entier du matin au soir. Le programme ne change guère de l'un à l'autre. Grande réception au chef-lieu, comportant : sur l'esplanade, la revue des troupes ; à la préfecture, les réunions successives des parlementaires, du Conseil général, des corps constitués, des maires de toutes les communes, et les audiences données aux délégations, à l'évêque du diocèse, au pasteur, au rabbin, aux principaux fonctionnaires, aux officiers généraux ; à l'hôtel de ville, la présentation du conseil municipal, puis celle des personnalités ; sur la grande place où est amassée une foule considérable et où l'enthousiasme se déchaîne, le discours à la population (...) Pendant le même temps, ma femme, en toute discrétion, est allée voir quelques trois cents hôpitaux, maternités, maisons de retraite, orphelinats, centres d'enfants malades ou handicapés. »

Elle s'acquitte, il est vrai, de ces activités de « bienfaisance » avec beaucoup de naturel. Elle n'adopte pas l'attitude d'ennui distingué qui est de règle à la présidence des ventes de charité des beaux quartiers, ni le comportement autoritaire ou papelard de ces « dames d'œuvres moustachues » qu'elle ridiculise à l'occasion, et il est entendu qu'elle ne représente qu'elle-même et n'agit pas pour accroître la popularité de son mari. La sœur directrice de la maison d'enfants handicapés de Paimpont résume fort bien la banalisation délibérée de ses visites : « Elle serrait la main à tout le monde, interrogeait les enfants, avait un mot gentil pour chacun, laissait un énorme paquet de bonbons et une enveloppe puis allait se recueillir dans l'église toute proche, une belle abbatiale du XIIIe siècle. » De son côté, le recteur du lieu, arrivé seulement en 1969, n'est que regrets : « Ah ! si j'avais été là, elle m'aurait certainement aidé à faire débloquer des crédits pour réparer mon clocher… »

Sur sa lancée, de Gaulle poursuit : « Dans toutes les localités, grandes ou petites, où je m'arrête, l'attroupement populaire est chaleureux, l'ambiance joyeuse, le pavoisement touchant. Sur les routes que je suis, les gens viennent en grand nombre pour applaudir. Où que je prenne la parole en public retentissent d'ardentes acclamations. Toutes les *Marseillaise* que j'entonne sont chantées en chœur par toutes les voix. Quand je me mêle à la foule ou vais à pied par les rues, tous les visages s'éclairent, toutes les bouches crient leur plaisir, toutes les mains se tendent vers moi. » Comme il l'a prescrit une fois pour toutes, sa femme n'a aucun titre à partager ovations et applaudissements. Aussi reste-t-elle bien sagement dans la cinquième voiture du cortège, spectatrice ravie de l'animation qui l'entoure et de la cohue qui porte son mari. Sauf à Calais.

Là, ils sont en pays de connaissance. Lors des deux visites officielles des 24 septembre 1959 et 27 avril 1966, c'est ensemble, côte à côte, que le Général et sa femme défilent à pied dans les rues de la ville au milieu de la joie de la population. Ce qui donne lieu à des scènes familières et cocasses. Par exemple, quand le Général reconnaît dans la foule un de ses anciens du 33ᵉ régiment d'infanterie. Un vieil homme, assis, le menton sur sa canne, indifférent au tumulte. De Gaulle vient vers lui, se penche : « Jules Quagebeur ! »

Le vieux ouvre un œil.

« Par exemple ! De Gaulle ! Et alors qu'est-ce que tu deviens ? »

Plus loin, un groupe de vieilles femmes arrête Mme de Gaulle : « J' vous ai ben connue quand vous étiez toute p'tite... comme vous étiez bellotte ! »

Partout, quand s'achève enfin la partie officielle du programme, elle reprend sa place dans la voiture, à la droite d'un mari mort de fatigue mais rayonnant. Il écrira sans fausse modestie : « Au total, il se produit autour de moi, d'un bout à l'autre du territoire, une éclatante démonstration du sentiment national qui émeut vivement les assistants, frappe fortement les observateurs et apparaît ensuite partout grâce à la télévision. Dans chacune de ses contrées, notre pays se donne ainsi à lui-même la preuve spectaculaire de son unité retrouvée. Il en est ému, ragaillardi, et moi j'en suis rempli de joie. » Une joie que

Mme de Gaulle est autorisée à partager. Mais, en 1961, cette joie est obscurcie par l'inquiétude que provoquent les menaces puis la vague d'attentats de l'O.A.S. De Gaulle est devenu l'homme à abattre.

« Le coup de maître est tenté le 9 septembre 1961. Dans la nuit, au sortir de Pont-sur-Seine, sur la route qui conduit de l'Elysée à Colombey, la voiture où je me trouve avec ma femme, l'aide de camp, colonel Teisseire, et le garde Francis Marroux, est tout à coup enveloppée d'une grande flamme. C'est l'explosion d'un mélange détonant destiné à faire sauter une charge de dix kilos de plastic cachée dans un tas de sable et beaucoup plus qu'assez puissante pour anéantir l' " objectif ". Par extraordinaire, cette masse n'éclate pas[1]. » Les tueurs sont également à l'affût le 23 juin 1962 à Rebréchien où le Général et Mme de Gaulle sont venus incognito pour assister au mariage de leur nièce Marguerite Rérolle, avec le comte Gérard de Guitaut. L'attentat sera décommandé *in extremis*...

Désormais les choses ne sont plus tout à fait « comme avant ». Le service de sécurité renforce discrètement des mesures de protection qui agacent toujours le Général. La seule qu'il tolère en maugréant est le choix, en dernière minute, d'un itinéraire routier entre l'Elysée et Villacoublay pour les départs en week-end à Colombey. Précaution dérisoire, comme on le verra le 22 août 1962 : « Ce jour-là, écrit-il, au Petit-Clamart la voiture qui me conduit à un avion de Villacoublay avec ma femme, mon gendre Alain de

1. *Mémoires d'espoir*, Plon.

Boissieu et le chauffeur Francis Marroux est prise soudain dans une embuscade soigneusement organisée : mitraillade à bout portant par plusieurs armes automatiques, puis poursuite menée par tireurs en automobile. Des quelque cent cinquante balles qui nous visent, quatorze touchent notre véhicule. Pourtant — hasard incroyable ! — aucun de nous n'est atteint. Que de Gaulle continue donc de suivre son chemin et sa vocation[1] ! »

Tout a été dit et écrit sur les complots visant à assassiner le général de Gaulle, et en particulier sur ce dernier monté par le colonel Jean-Marie Bastien-Thiry et qui échoua de justesse. La D.S. noire précédée de deux motocyclistes et suivie d'une voiture de police qui file dans le crépuscule par l'« itinéraire n° 2 », le commando posté dans l'avenue de la Libération (!) au Petit-Clamart, les deux fusils mitrailleurs qui crachent quelques secondes trop tard, la « cible » touchée, pneus avant crevés, qui s'éloigne à grande vitesse. Le miracle... Une balle est passée entre la tête de Mme de Gaulle et celle du Général !

Que s'est-il vraiment dit dans la voiture prise sous les feux croisés du commando ? Alain de Boissieu aurait hurlé à ses beaux-parents : « Baissez-vous ! » Ce qui, selon certains, aurait donné au Général l'occasion d'un mot féroce : « C'est bien là la première chose sensée qu'il ait dite ! » Mais, comme tant d'autres, il peut fort bien être apocryphe... Ce qui est sûr est que de Gaulle n'était pas homme à se plaquer au fond de la voiture et que sa femme n'aurait jamais adopté

1. *Mémoires d'espoir*, *op. cit.*

un comportement différent du sien. Il semble, en fait, que le Général se soit posé tout haut une seule question : « Pourquoi les policiers ne répliquent-ils pas ? » Une réaction authentiquement militaire. A son arrivée à Villacoublay, il lance simplement à ceux qui l'accueillent : « Eh bien messieurs, cette fois c'était tangent ! » Mais le soir même il dira au téléphone à Georges Pompidou : « Ils ont tiré comme des cochons... » Mme de Gaulle, pour sa part, a droit à une courte citation qui n'est pas un mince éloge : « Yvonne, vous êtes brave... »

Et il est vrai qu'en la circonstance Yvonne a montré un calme stupéfiant. Toutefois, en descendant de voiture à Villacoublay, on l'entend qui s'inquiète : « J'espère que mes poulets n'ont rien eu... » Les policiers de l'escorte en restent pétrifiés. Jamais ils n'auraient imaginé que la très conventionnelle Mme de Gaulle pouvait user d'un tel langage pour leur témoigner sa sollicitude... En fait, il s'agissait de ses poulets en gelée achetés chez Fauchon et placés dans le coffre arrière de la voiture. Un peu après, devant sa famille réunie à Colombey, elle donne dans l'humour noir : « Le Général et moi nous nous étions fait coiffer ; nous aurions fait de beaux morts. » Enfin, au retour à Paris, de Gaulle dit à Pierre Lefranc : « Bah ! c'eût été une belle mort. Il vaut mieux mourir comme cela qu'aux cabinets. » et elle : « Pour le Général et moi, c'eût été une belle mort, mais je ne peux leur pardonner d'avoir risqué de tuer mon gendre et notre chauffeur. »

Plus tard, on écrira que le Général avait refusé la grâce de Bastien-Thiry parce que celui-ci avait fait bon marché de la vie d'une femme innocente. La raison de ce refus doit sans doute être recherchée ailleurs car Mme de Gaulle elle-même ne l'aurait pas admise. En effet, Pierre Lefranc met le doigt sur un aspect essentiel de son comportement : « Je crois qu'elle voulait partager le destin de son mari. » Pour le meilleur et pour le pire selon la formule consacrée... Or si, depuis mai 40, Charles de Gaulle avait eu un nombre raisonnable de chances de mourir de mort violente, l'assassinat était maintenant une hypothèse vraisemblable. On conçoit dès lors très bien qu'il puisse atteindre sa femme. Mais le 15 août 1964, pour le vingtième anniversaire du débarquement de Provence, elle n'est pas à ses côtés quand, au mont Faron, la bombe dissimulée dans une jarre de fleurs, sur son passage... n'explosa pas. Elle ne l'est pas non plus quand il inspecte les bases militaires où l'O.A.S. a des sympathisants.

De Gaulle aux affaires ce sont aussi les voyages officiels hors de France. Il les évoque sans ses *Mémoires d'espoir :* « L'attentive considération qui nous est portée de toutes parts me détermine à multiplier les contacts avec l'extérieur. Il en résulte un actif échange de visites, toutes occasions où l'on s'explique à défaut de toujours convaincre, où s'animent les relations, où se concluent les accords, où se font entendre toutes les voix de l'information, où se manifestent les sentiments publics. » Et, naturellement, toujours et partout, Mme de Gaulle l'accompagne. En Italie et en Angleterre, à Djibouti et aux Comores, aux Etats-Unis et en Pologne, en Iran et en

Amérique latine, en Union soviétique et au Cambodge, à Tahiti et au Québec.

Elle y prend un plaisir extrême et l'écrit : « J'aime voyager... Au passage, je me demande combien de " présidentes " battront mes records : vingt-six et vingt-huit jours de voyages officiels interrompus avec des climats variés et sur le rythme des voyages du Général. Et cela entre cinquante-huit et cinquante-neuf ans ! Ce n'est pas mal pour une vieille dame ! » Surtout si l'on considère que ces voyages ne sont ni d'agrément ni de tourisme avec un temps pour la flânerie et la rêverie. Des journées planifiées, minutées, toutes en réceptions, visites guidées et banquets. Des déplacements en convoi le long de rues interdites à la circulation, entre deux haies de foule et au milieu des acclamations. Enfin, le soir, après les dîners de gala et les inévitables « représentations artistiques », le confinement dans des appartements luxueux coupés du monde, à Buckingham Palace, au Kremlin, ou au palais du Golestan.

Dans ces visites à l'étranger, Mme de Gaulle est officiellement invitée et reçue selon le protocole en usage dans le pays hôte. Mais il est toujours précisé qu'elle demeure une personne privée qui, selon les traditions républicaines, n'a ni droit ni titre aux honneurs officiels rendus au seul Président et chef de l'Etat. Ce statut sera scrupuleusement maintenu et respecté jusqu'au départ de 1969 et durant le mandat de Georges Pompidou. Or il impose des obligations parfois désagréables, en particulier des disparitions et des réapparitions selon la nature des manifestations, avec, trop souvent, des temps d'abandon, voire d'oubli...

Au départ d'Orly, elle embarque discrètement, presque à la sauvette, dans l'avion présidentiel, pendant que le Général s'entretient avec ses ministres et les ambassadeurs ou qu'il passe en revue le détachement militaire qui rend les honneurs. A l'atterrissage, elle est dans le sillage du Général le temps des présentations, avant qu'on ne l'escamote et qu'elle se retrouve dans un salon de l'aéroport, entourée des femmes des dirigeants du pays visité. Elle a *son* programme particulier, *sa* voiture, *son* accompagnatrice et *son* interprète, retrouve son mari l'espace d'un banquet, d'une visite éclair de musée, d'une réception à l'ambassade de France, et, le reste du temps, va d'hôpitaux en crèches, d'écoles modèles en centres d'enfants inadaptés. Avec, parfois, des intermèdes moins austères comme cette journée en bateau sur le Potomac avec « Mammie » Eisenhower.

C'est durant ces voyages au long cours que Mme de Gaulle donne la mesure de ses facultés d'adaptation à toutes les situations avec une égalité d'âme que rien ne semble pouvoir troubler. Celui qu'elle fait avec le Général à travers tous les pays d'Amérique du Sud est pourtant une très rude épreuve. Tournée triomphale a-t-on écrit. Mais fertile en péripéties et combien exténuante ! Ici et là, des foules bruyantes et exaltées débordent le service d'ordre et, dans leur enthousiasme, risquent à tout instant d'engloutir le cortège officiel. En tête, dans la voiture découverte battue par le flot, le Général, debout et ravi, s'agrippe à la barre d'appui et répond comme il le peut aux ovations. Derrière, la limousine fermée où Mme de Gaulle est assise bien droite, son sac à main sur ses genoux, tient difficilement la distance. A Santiago, les grilles du palais se referment sur la voiture présidentielle et il lui faut parlementer pour obtenir le passage. A Cordoba, une sanglante échauffourée oppose les Péronistes à l'armée et la voiture doit monter sur le trottoir pour s'en dégager et rejoindre le palais...

Avant d'entreprendre le long périple, Yvonne de Gaulle avait manifesté le désir d'apprendre un peu d'espagnol :

« C'est très gênant pour moi, disait-elle. Quand on me parlera je ne comprendrai pas et ne saurai que répondre.

— Aucune importance, avait répondu le Général. Souriez, c'est encore ce qu'il y a de plus difficile. »

Elle suit les instructions de son mari ; elle sourit. Dans les dîners officiels aux menus « exotiques », au cours des visites de crèches et d'orphelinats et, de bon cœur, en écoutant des récitals de flûtes andines et de guitares ou au spectacle de danseurs de zapateados et de sambas. Et c'est aussi en souriant qu'elle répond à une journaliste vénézuélienne qui l'assaille de questions : « Moi je ne parle pas. C'est mon mari qui est le maître à la maison. C'est lui qui parle. » De son côté, le Général grommelle lorsqu'on le traîne à des rodéos qui l'ennuient ou à des défilés militaires interminables, et plus généralement parce que le désordre l'exaspère.

Les dix jours passés en U.R.S.S., en juin 1966, baigneront dans un climat plus classique et plus austère. Là, pas de mouvements de foules incontrôlés et un programme de séjour minuté. Le Général et sa femme qu'accompagne leur fils Philippe, à titre exceptionnel et comme aide de camp, vont de Moscou à Novossibirsk, à Leningrad, à Kiev, à Stalingrad devenue Volgograd. Si, partout, les réceptions sont chaleureuses, elles manquent un peu de fantaisie et de Gaulle ne peut s'abandonner aux bains de foule. D'ailleurs, le conformisme officiel lui pèse et il tient à le manifester par quelques reparties. Ainsi devant la maquette d'une tour de télévision haute de cinq cent vingt mètres qu'on lui présente : « Très bien, ce sera très bien, mais il ne faudra pas que l'ascenseur tombe en panne. » Ou encore au cours d'un entretien au sommet : « Je vous remercie monsieur le Président de votre exposé qui ne nous a d'ailleurs rien appris. » Puis, un peu plus tard : « Je vous remercie beaucoup, monsieur le Président, d'avoir bien voulu répéter votre exposé. » Enfin, à la stupeur de ses hôtes, il va, ostensiblement, avec sa femme, communier — et cela pour la première fois au cours d'une visite d'Etat — à Notre-Dame-de-Lourdes à Leningrad.

Pour sa part, Yvonne de Gaulle paraît s'entendre fort bien avec Mmes Podgorny et Kossyguine, comme jadis avec Mme Khrouchtchev qu'elle avait accueillie à Paris. Leurs sujets de conversation ? Prosaïques, sans aucun doute : la santé et les études des petits-enfants, les recettes du bortsch, du coq à la confiture ou des conserves de concombres. A Moscou, elle visite l'Institut de pédiatrie et le médecin-chef lui dit : « Nous savons que vous portez beaucoup d'intérêt aux enfants. Nous autres pédiatres avons pour eux un amour particulier. » Ceux qu'elle veut voir, ce sont, dit-elle, les « tout-petits » auxquels elle vient distribuer des jouets. Ce qu'elle regrette, sans le dire, c'est l'absence, en ce pays, d'institutions religieuses...

Deux mois après, le couple présidentiel s'envole pour les établissements français du Pacifique, via la Côte des Somalis, l'Ethiopie et le Cambodge. Le voyage commence mal. A Djibouti, le Général affronte une violente manifestation d'indépendantistes qui le met de méchante humeur jusqu'à son arrivée à Phnom Penh où l'accueil est fastueux. Le prince Sihanouk a réservé à ses hôtes les appartements royaux du palais Khemarin : grès rose, marbre d'Italie, mobilier de France dont un lit spécial venu par avion, cristaux de Bohême, tapis persans et vases de Chine. Le programme du séjour est royal, avec les présentations dans la salle du Trône, le ballet classique khmer, une grande manifestation populaire au stade où le Général prononce le discours que l'on sait, des courses de pirogues et, en apothéose, une visite et un « son et lumière » à Angkor. Mme de Gaulle, en robe bleue et en chapeau, image de la simplicité au milieu des femmes des dignitaires cambodgiens vêtues de somptueux brocarts, semble perplexe devant le spectacle offert par une des dernières monarchies orientales et a des mots aimables : « C'est plus que joli, c'est beau. » « Le temps a passé trop vite. » « Ce fut une succession d'heures inoubliables. » A dire vrai, les mondes asiatiques ne l'ont jamais fascinée...

Autre voyage mémorable : le Québec en juillet

1967. Cette fois, on embarque sur le croiseur *Colbert* où un appartement a été spécialement aménagé et décoré de tableaux de maîtres à leur intention. Mme de Gaulle apprécie visiblement cette croisière. Anne et Pierre Rouanet rapportent : « A quatre pattes devant sa baignoire pour se faire rincer les cheveux elle affirmait au matelot coiffeur que son mari ne supportait pas qu'on lui serve de la gibelotte sans lui montrer les pattes du lapin. Le mari en question poussait la porte, le déjeuner allait être en retard, le matelot tremblait, elle promettait qu'elle n'en avait plus que pour cinq minutes ; lorsque la porte s'était refermée, elle ajoutait qu'elle aurait dû dire cinq minutes de coiffeur et on pouffait[1]. » Réelle ou imaginaire, en tout cas vraisemblable, une scène familière donnant le climat de la vie à bord...

L'émotion et les inquiétudes commencent au débarquement à Québec avec le triomphe que le Canada français réserve au Général. Tout au long du Chemin du Roy qui conduit à Montréal, Mme de Gaulle aperçoit de loin la haute silhouette de son mari dominant la foule, ses bras haut levés qui répondent aux acclamations. Pour elle, les questions qui l'assaillent sont simples : « Est-ce bien raisonnable à son âge ? Dans quel état vais-je le retrouver ce soir quand les lampions seront éteints ? » En réalité, de Gaulle ressent d'autant moins la fatigue qu'il mijote son éclat, cette fameuse bombe que va être le « Vive le Québec libre ! », lancé du balcon de l'Hôtel de Ville de Montréal. Sa femme était-elle, seule, dans la confidence ? Ce n'est pas certain. Il n'est même

1. *Les Trois derniers chagrins du Général*, Grasset, 1980.

pas sûr qu'elle ait entendu « la » phrase. André Patry qui est chargé de l'accompagner reconnaît d'ailleurs : « Dans cette journée de bousculade, on l'oubliait tout le temps. » Ce n'était pas la première fois...

Mais les voyages à travers la France ou aux quatre horizons du monde ramènent toujours à Colombey. Là se trouve le refuge loin du tumulte et des désillusions, la vraie demeure bien à soi et le petit coin de cimetière où chacun a sa place déjà réservée. Yvonne de Gaulle souhaitait y vivre le plus clair de son temps et le Général lui-même semble avoir parfois caressé ce rêve. Pierre Galante rapporte qu'il lui arriva de confier : « Comme ce serait plus agréable si le chef de l'Etat vivait à la campagne et ne venait à Paris que pour les conseils. Au besoin, il prendrait un vice-président pour les relations mondaines. » Or, pendant les onze années de mandat présidentiel, Colombey sera leur résidence principale et ils ne pourront y passer que leurs vacances d'été et un week-end sur deux pendant le reste de l'année. Néanmoins, c'est à La Boisserie que s'organise la vie quotidienne et où l'on a ses habitudes.

Dès son arrivée de l'Elysée, en voiture ou en hélicoptère, Mme de Gaulle retrouve un genre de vie qu'elle aime et des activités familières. Il n'est pas rare qu'elle file directement à la cuisine et, le chapeau encore sur la tête, aide à éplucher les légumes. Ou, qu'avant toute chose, elle examine la croissance de ses tulipes et autres fleurs, choisies sur catalogue, commandées et plantées par elle-même. Le Général, lui, fait un tour de parc et une visite à la basse-cour, au clapier, au pigeonnier, comme pour vérifier que les occupants sont bien tous là. Et on sait que ceux-ci bénéficient de sa protection et qu'il est exclu de les mettre au menu : il ne mange pas les animaux élevés à La Boisserie.

C'est encore Pierre Galante qui raconte l'histoire du mouton de La Boisserie. Une nouvelle digne de Marcel Aymé. A l'occasion de sa visite à Pau, le Général s'était vu offrir par des bergers pyrénéens un agneau qui venait de naître. Il prit tout naturellement le chemin de Colombey, devint mouton insupportable broutant les massifs de fleurs, crottant dans la cuisine, renversant verres et porcelaines. De Gaulle l'adorait et le protégeait des châtiments. Puis ce fut le drame :

« Mme de Gaulle était à bout de patience, Louise et Charlotte menaçaient de s'en aller. Un beau jour que le Général n'était pas là, excédée, elle décida de se défaire de l'animal et en fit don à l'orphelinat voisin. Quand le Général revint, il demanda aussitôt : “ Où est mon mouton ? ” Celui-ci, d'habitude, ne manquait pas de l'accueillir dès sa descente de voiture.

» “ Chez les orphelines, répondit Mme de Gaulle. Elles mouraient d'envie de l'avoir. Je n'ai pas su résister. ”

» A quelque temps de là, la supérieure de l'orphelinat vint à La Boisserie pour remercier, en présence du Général, la générale. Malgré les gestes de dénégation de celle-ci, elle y alla tout bonnement :

» “ Votre mouton, madame, la moitié rôtie, la moitié en ragoût, les petites s'en sont régalées toute la semaine. ”

» Le Général n'émit aucun commentaire. Mais, pendant un mois, il fut d'une humeur de chien. »

Quand le Général est « aux affaires » de 1958 à 1969, La Boisserie est, par excellence, la maison de famille où se retrouvent les enfants et les petits-enfants. Réunions auxquelles les appartements de l'Elysée se prêtent mal et que, d'ailleurs, de Gaulle très à cheval sur les principes n'accepte que rarement. A Colombey, elles conservent un caractère formaliste, dans la tradition du XIXe siècle à peine assouplie. Ni débraillé ni aimable laisser-aller ne sont admis. Même pendant l'été. On ne passe à table qu'en cravate et veston, « en tenue » selon la terminologie militaire. Pour fixer les places des enfants lorsqu'ils sont au complet, le Général a imaginé... une loterie. Mais, durant les repas, ils ne parlent que si on les y invite. Par exemple, pour répondre au grand-père qui les interroge sur le croquet, le tennis, ou tout autre sujet qui lui vient à l'esprit. Et il advient que le soir il leur propose (ou leur impose) une partie de dames ou de dominos à laquelle il accorde le plus grand sérieux car il a horreur de perdre... De son côté, la grand-mère, qui paraît oublier ses jeunes années à Sept Fontaines, s'efforce de les dissuader de courir les routes de la région à bicyclette. Un accident est si vite arrivé... Et Dieu sait quelles tentations on rencontre aujourd'hui sur les chemins... Cette austérité doit bien leur peser un peu et Malraux rapporte : « Geneviève (de Gaulle) m'a dit qu'il (le Général) avait entendu avec tristesse les enfants, dans la pièce voisine, dire du prochain Noël : “ Si l'oncle Charles vient, ce sera mieux, mais nous ne pourrons pas rigoler. ” »

Le dimanche, le Général et Mme de Gaulle vont entendre la messe de onze heures trente dans la petite église où ils ont leur place, côté de l'Epître, marquée par une plaque de cuivre entre la bannière de Jeanne d'Arc et le vitrail de Saint Louis, comme celles des bons fidèles de la paroisse. Rien de bien remarquable dans cette église trapue, sans style, avec ses statues polychromes, modèle standard, de sainte Thérèse et de Jeanne d'Arc, son panneau de marbre portant les noms des morts pour la France, et la bannière de la Libération offerte par Yvonne de Gaulle. Un brave curé de campagne, l'abbé Eugène Drouot, en est le desservant. Il fait de son mieux pour ne point paraître trop ému quand les de Gaulle sont présents, mais ses sermons peuvent alors devenir quelque peu confus. Le Général n'en a cure, il choisit cet intermède oratoire pour jeter un coup d'œil sur l'assistance. Sa mémoire lui permet très vite d'enregistrer les absences et, à la sortie, de dire à sa femme : « Je n'ai pas vu X ou Y. Il faudrait demander s'il est malade... »

A la belle saison surtout, la place de Colombey et l'église elle-même deviennent le lieu de rassemblement de gaullistes fervents, de curieux et de touristes qui veulent voir et approcher le couple présidentiel, et qui bouleversent toujours un peu le paisible déroulement des offices religieux. Et puis ce sont les photographes qui peuvent surgir à tout instant, de n'importe où. Mme de Gaulle a horreur de leur indiscrétion, de leur sans-gêne, de leur accoutrement. On en vit grimpés dans les arbres, braquant des téléobjectifs gros comme des canons sur La Boisserie et attendant pendant des heures l' « occasion ». Dans l'église même, ils apparaissent comme des diables avec leurs flashes qui font tant souffrir les yeux du Général et, si on les repère à temps, il faut « négocier » leur désistement. Parfois contre la promesse d'un cliché à l'extérieur... Pour leur échapper on doit néanmoins assez souvent se résoudre à faire appel à un prêtre, souvent l'aumônier de Clairvaux, qui vient célébrer la messe dominicale dans le salon de La Boisserie.

Au harcèlement des photographes s'ajoutent les « enquêtes » de quelques journalistes à l'affût de tout ce qui vient de La Boisserie. La cuisinière et les femmes de chambre, Louise, Charlotte et Honorine, lorsqu'on les rencontre dans le village, sont muettes comme des carpes. Il est inutile d'interroger le chauffeur Francis Marroux qui appartient à la gendarmerie : sa discrétion est exemplaire. Comme sources d'informations restent donc les inspecteurs du service de sécurité qui ne savent rien et, à l'occasion, répondent n'importe quoi pour se débarrasser des importuns. Par exemple, que le Général adore... les oreilles de cochon. Mais tout compte fait, pour agaçants qu'ils puissent être, ces journalistes fureteurs ne menacent pas vraiment la sérénité de Colombey.

Il y aura plus grave. Des buvettes et quelques petits restaurants s'étaient installés à Colombey devenu, par la force des choses, un village « historique ». Mais un projet saugrenu était dans l'air : la création d'une boîte de nuit avec strip-tease et attractions qui aurait pu s'appeler — pourquoi pas ? — la Croix de Lorraine... On n'en souffla mot au Général et on trembla que Mme de Gaulle ne l'apprît, puis les aides de camp s'activèrent à la Préfecture pour éviter le « scandale »...

Les chagrins sont à Paris. Le Général s'accommode de son opposition lorsqu'elle reste dans la légalité républicaine, fait à l'occasion des mots sur la « grogne et la rogne », en étant sûr de leur succès, et ne prête pas plus d'attention qu'il n'en faut aux critiques et aux attaques des journalistes. Sauf quand elles portent atteinte à l'autorité de l'Etat... De son côté, Mme de Gaulle est sans indulgence ni tolérance pour la presse qui malmène son grand homme et elle n'a qu'une confiance très limitée en celle qui le loue. D'ailleurs, elle qui n'a jamais accordé la moindre interview, prend soin d'opposer visage de bois aux questions en apparence les plus anodines que les journalistes parviennent à lui poser à l'improviste. Il semble, qu'à la longue, ceux-ci se soient découragés pour, finalement, l'abandonner à l'ombre où elle se complaît. Tous, sauf ceux du *Canard enchaîné* qui ne pouvaient, sans faillir, l'oublier dans la chronique de « La Cour ».

« Mme de Maintenant était la femme du Roi : c'était une personne sans naissance, d'un visage guindé, sévère, sous des traits encore lisses, même frais, où s'imprimait infiniment de vertu, mais assez peu de bonté, serrant toujours sa haire avec sa discipline. Elle était fort experte dans l'alchimie des marmelades, plus habile encore dans la réduction des pécheurs. Elle passait sa vie dans les exercices de piété les plus édifiants et les plus continuels. Elle avait l'âme austère et pénitente, et elle eût envoyé toute la Cour à complies. Elle régnait sur le palais avec un empire craint de tous et redouté de toutes. Elle n'y voulait ni jeunes gens de traverse ni dames de moyenne vertu. La boue infecte de l'adultère lui faisait horreur et il ne fallait pas qu'on s'avisât d'extravaguer loin des lisières du sixième commandement de Dieu. Régnait-elle sur le Roi ? Elle ne l'entreprenait pas sur les pensées : elle l'entama plus d'une fois sur le domestique. Elle gouverna souvent le flux et le reflux de ses faveurs. Elle était bien informée, par des agents, de l'intérieur le plus intime de la Cour. Combien furent ruinés par un mot d'elle ! Tout à l'Elysée sentait son aiguillon. »

Le persiflage, on s'en doute, lui déplaît. Mais ce qu'elle redoute plus que tout est la malveillance qui se traduit par la déformation des actes, des paroles, des intentions du Général. Le sacrilège inexpiable ! C'est aussi la crainte que ses petits-enfants, ses neveux et ses nièces, ne commettent des « imprudences » dont la presse pourrait s'emparer pour créer on ne sait quel scandale. Car elle n'a jamais douté que les forces du mal ne soient prêtes à saisir le premier prétexte venu pour se conjuguer et passer à l'action afin de détruire l'œuvre du « plus illustre des Français », son mari. Comme les reines du Moyen Age elle prie…

En 1965, au terme d'un premier septennat, elle ne souhaita pas un second mandat et avait dit à Pierre Lefranc : « Le Général a bien mérité de se reposer », en lui demandant, de surcroît : « Ne le poussez pas (à se représenter), ce n'est pas un bon service à lui rendre. » Ce fut la première fois qu'elle intervint aussi directement pour tenter d'influencer une décision capitale de son mari. Elle qui, jusqu'alors, sollicitait au plus un allégement des programmes de visites en province pour ne point trop le fatiguer, ou l'introduction d'un potage au menu des dîners officiels ! Surtout quand on sait que de Gaulle ne supportait même pas la pensée qu'on pouvait lui forcer la main ! Il faut, dès lors, s'interroger sur l'audace inhabituelle de « tante Yvonne ». Lassitude de l'Elysée et des obligations officielles ? Sans doute. Mais peut-être aussi le sentiment que la santé du Général, âgé de soixante-quinze ans, ne lui permettrait pas de mener à son terme une seconde Croisade...

Or, les deux premières années du nouveau septennat sont fastes. Les grands voyages en U.R.S.S., puis autour du monde, via le Cambodge, font quelque bruit. Celui au Québec, en 1967, encore davantage. Et c'est la surprise de mai 1968. La « chienlit » et la révélation soudaine de la vulnérabilité du régime. De Gaulle ne peut ni analyser ni contrôler une situation qui lui échappe. On ne sait rien des réactions de son épouse, gardienne vigilante de la pureté des mœurs, devant la fête païenne du quartier Latin et des inscriptions sur les murs qui proclament « Faites l'amour, pas la guerre ! » Mais il y a gros à parier qu'elle y vit la fin d'un monde et d'une société « respectables », l'avènement du désordre généralisé.

Malgré une situation intérieure qui se dégrade, le Général s'envole le 14 mai pour une visite officielle en Roumanie. Et là, se place un deuxième signe d'intrusion de Mme de Gaulle dans le domaine politique. A l'aide de camp François Flohic qui évoque les événements se déroulant à Paris, elle déclare tout de go : « Il ne faudra pas tarder à référer. » Dans sa forme affirmative, cette courte phrase sous-entend qu'elle-même serait associée au Général dans un projet de référendum... qui sera effectivement annoncé quelques jours plus tard. Il s'agit plus vraisemblablement d'une maladresse : la répétition mot pour mot d'une confidence de son mari. Ou, comme l'écrivent si drôlement, Pierre et Andrée Rouanet : « On imagine plutôt — mais peut-être à tort — de Gaulle soliloquant en passant ses bretelles, et elle à compter ses sous dans son aumônière pour les bonnes œuvres de messieurs les communistes roumains, n'écoutant guère et entendant fort bien. »

Il n'empêche qu'il convient de s'interroger sur l'influence qu'elle aurait pu exercer sur les décisions politiques du Général. Les réponses données par les uns et les autres diffèrent sensiblement selon l'époque. Au temps de la France Libre, les compagnons les plus proches ont noté que le Général feignait ne point ouïr telle ou telle opinion émise par sa femme. A moins qu'agacé il ne lui lançât : « Laissez, Yvonne, c'est une affaire d'hommes. » Plus tard, à la Présidence de la République, les aides de camp accordent à Mme de Gaulle une influence qui est loin d'être négligeable. François Flohic écrira :

« ... en dépit de la distance que celle que la France appelait affectueusement tante Yvonne avait mise entre elle et les affaires publiques, on ne doit pas conclure que son action sur elles fut insignifiante ; au contraire je suis pénétré de son importance.

» Non pas qu'elle ait eu une quelconque connaissance des dossiers qu'elle ne cherchait pas, pas plus qu'elle ne cherchait à jouer un rôle, mais elle était le soutien attentif de l'action de son mari et parfois son censeur, en particulier pour les affaires qui touchaient à la condition de la femme et de la famille.

» Comment le Général aurait-il entrepris et mené à bien son immense tâche nationale sans l'assentiment et le soutien de sa compagne des bons et des mauvais jours [1] ? »

Il semble, en fait, que ses interventions aient visé plus particulièrement les personnes, celles qui ont à ses yeux toutes les vertus et celles qui ne méritent pas la confiance du Général. La fameuse intuition féminine ! Dans la mesure où elle ne s'oppose pas à ses desseins, il s'en accommode... Jacques Chaban-Delmas raconte : « Lorsque j'ai pris congé du Général en 68, il m'a dit : “ Mme de Gaulle ne voulait pas que je me sépare de vous. Elle me l'a répété à trois reprises. Que voulez-vous ? Les femmes sont comme ça ; elles croient qu'elles nous gouvernent. »

Ce qui est assuré est que l'équipée de Baden-Baden du 29 mai 68 ne la prend pas de court. La veille, elle a demandé à Jacques Vendroux de déposer Jeanne, sa femme de chambre, à son village près de Marquise « pour des raisons qu'elle lui expliquera plus tard ». Or le secret est bien gardé. Ce 29 mai à dix heures trente, le Général déclare à Flohic : « Je n'arrive plus à dormir ici. Je vais à Colombey pour me ressaisir ; prenez des cartes, sans que l'on vous voie, allant plus à l'est de Colombey. » Et, une heure plus tard, à Issy-les-Moulineaux, une *Alouette III* les emporte, lui, le Général et Mme de Gaulle, en

1. *Souvenirs d'Outre-Gaulle,* Plon, 1979.

direction de Saint-Dizier où l'hélicoptère fera le plein de kérosène avant de repartir vers l'Est. En silence radio et en rase-mottes pour échapper aux radars. De Gaulle révèle enfin à l'aide de camp et au pilote leur destination finale : Baden-Baden, le quartier général de Massu. Dès lors, écrit Flohic, « la navigation à vue n'est pas aisée ». Elle est en fait un rien acrobatique et l'appareil joue à saute-mouton pour coller au relief. Si Mme de Gaulle en éprouve quelque désagrément, elle conserve son impassibilité, attentive à calquer son comportement sur celui de son vieux mari qui paraît enchanté de l'aventure.

L'arrivée au terrain militaire de Baden-Baden ne manque pas de pittoresque, comme Flohic le raconte fort bien.

« Il est quatorze heures et demie ; un soldat de l'armée de l'air m'indique un téléphone dans un hangar.

» J'obtiens Mme Massu qui me passe son mari.

» “ Ici Flohic, mon général, nous sommes ici.

» — Qui nous ?

» — Le Général et Mme de Gaulle. Je demande un vecteur pour gagner votre résidence et le balisage de votre pelouse par fumigène.

» — Mon p'tit vieux, je suis à poil sur mon lit où je fais la sieste ; laisse-moi cinq minutes pour me préparer. ” »

Les passagers débarquent enfin sur la « pelouse ». Mme de Gaulle avec sa toque bien droite et son sac à main semble en visite mondaine. Très naturelle, très détendue, échangeant les banalités d'usage avec Suzanne Massu qui joue le jeu pendant que, dans le bureau voisin les maris débattent de questions dont dépend le sort de l'Etat. Quelques heures plus tard, après un déjeuner pris séparément, le Général donne le signal du départ sans explications superflues. On rembarque dans l'hélicoptère les valises qui n'ont pas été débouclées, on prend congé et… en route pour Colombey. Tout comme Flohic, « tante Yvonne » est sans doute en plein brouillard, mais se garde bien d'interroger le Général plongé dans ses pensées.

Le lendemain, c'est le retour à Paris où l'escapade-disparition du chef de l'Etat justifie toutes les supputations. De Gaulle y coupe court par son allocution radiodiffusée de seize heures trente. « Etant le détenteur de la légitimité nationale et républicaine, j'ai envisagé depuis vingt-quatre heures toutes les éventualités sans exception qui me permettraient de la maintenir. J'ai pris mes résolutions. Dans les circonstances présentes, je ne me retirerai pas. J'ai un mandat du peuple, je le remplirai. » Et, dans la foulée, il annonce la dissolution de l'Assemblée nationale et un remaniement du gouvernement. En contrepoint, une immense manifestation de soutien déferle sur les Champs-Elysées. Dans les deux semaines qui suivent, la révolte estudiantine s'essouffle, le travail reprend dans les services publics et les entreprises, et les élections du 30 juin donnent à l'U.D.R. une confortable majorité à l'Assemblée. C'est le « sursaut national ».

A l'Elysée, la vie a repris son cours avec ses Conseils des ministres, ses réceptions de chefs d'Etat africains. Entre une visite officielle à Bonn et une autre en Turquie, le Général et Mme de Gaulle retrouvent le calme des week-ends à Colombey. Mais, à soixante-dix-huit ans, il sait que le temps lui est compté et il met les bouchées doubles pour « parfaire » son œuvre. C'est pêle-mêle, la révélation de ses grands projets sur la participation, la décentralisation, la réforme du Sénat. Enfin, le 10 décembre 1968, l'annonce du référendum.

Plus tard, il dira au colonel d'Escrienne : « Sur les Champs-Elysées, le 30 mai... on a crié Vive de Gaulle parce qu'on avait peur ; mais on ne me demandait pas autre chose que de ramener la tranquillité... Moi, il me semblait que ces événements étaient l'occasion de s'attaquer à des réformes dans tous les domaines... Vous avez pu constater que ce n'était pas du tout ce qu'on voulait ! Ce fut le dernier malentendu entre les Français et moi[1]. » Mais les « Français » ce sont d'abord bon nombre de ses collaborateurs qui refusent le « changement » et considèrent que le vieux chef a fait son temps. Il y eut, le 17 décembre 1968, l'opposition déclarée, le lâchage, d'un jeune loup du sérail nommé Valéry Giscard d'Estaing. Il y aura les petites phrases de Georges Pompidou qui estime avoir un « destin national ». Nul ne s'y trompe : la succession se prépare et ceux qui y aspirent sont déjà sur les rangs.

Et Mme de Gaulle ? Tout au long de cette période ambiguë, elle se fait plus silencieuse et plus invisible que jamais. Pourtant il n'est pas douteux que, devant elle, le Général fulmine contre « les routines, les égoïsmes, les sectarismes », qu'il dénonce les ambitions injustifiées,

1 *Le Général m'a dit...*, Plon.

les combines, les lâchetés, les doubles jeux. Et qu'il donne des noms… Cette affaire de référendum est mal engagée. Mais on ne saura jamais si Yvonne de Gaulle joint sa voix à celles des fidèles, tels Maurice Couve de Murville et Michel Debré, qui conseillent au Général d'y renoncer. Plus probablement elle se tait et enregistre dans sa mémoire les noms et les agissements des misérables qui s'activent pour faire perdre la dernière bataille à son héros.

Le 20 avril 1969, le Général confie à ses enfants : « Je sais que ce référendum sera perdu. Je le sais avec certitude depuis que Giscard d'Estaing a déclaré qu'il n'approuverait pas le projet de loi référendaire. Il me manquera les voix des indépendants qui suivront Giscard. » Les sondages, d'ailleurs, le confirment. Le 23 avril, de Gaulle préside le Conseil des ministres et, en fin de séance, dit simplement : « Nous nous réunirons en principe mercredi prochain. Nous avons, en effet, l'espoir de nous retrouver la semaine prochaine. S'il n'en était pas ainsi, ce serait un chapitre de l'histoire de France qui serait terminé. »

Dans ses appartements de l'Elysée, Mme de Gaulle rassemble et empaquette tout ce qui leur appartient en propre.

11

C'est l'exil intérieur

Ce vendredi 25 avril, à seize heures trente, la D.S. présidentielle franchit le portail de La Boisserie. Les premiers mots du Général sont pour la servante qui, comme tous les quinze jours, guette son arrivée : « Nous rentrons définitivement ; cette fois-ci, Charlotte, c'est pour de bon. » Une confidence abrupte qui, sans doute, la plonge dans la perplexité. Qui, à cette heure à Colombey, pourrait imaginer que de Gaulle se résigne à abandonner les « affaires » ? Mais il s'est déjà retiré dans son bureau, Madame va et vient dans la maison et Flohic l'aide de camp est parti pour Bar-sur-Aube. C'est un week-end « comme les autres » qui commence...

Le dimanche, Colombey est envahi par les journalistes et les photographes venus de Paris. Eux connaissent, par les sondages, les incertitudes du référendum et espèrent recueillir un mot du Général, ou surprendre sur son visage une expression inhabituelle. Ils en seront pour leurs frais. Les de Gaulle entendent la messe dans le salon de La Boisserie et, à onze heures trente, ils votent à la mairie du village sans que les plus attentifs puissent discerner le moindre changement dans leur comportement. Pourtant, on saura, plus tard, combien lui était affecté par un échec dont il ne doutait plus. Et aussi l'amertume qu'elle ressentait de cet « abandon » ; même si, au fond, elle avait souhaité depuis longtemps une paisible retraite à Colombey. Tant que ses proches diront, en plaisantant, la soupçonner d'avoir voté « non » au référendum qui lui rendrait son grand homme.

Dans la soirée, Bernard Tricot appelle une première fois le Général au téléphone pour lui donner une première estimation des résultats du scrutin. Comme prévu, ils sont défavorables. A vingt-deux heures, il les confirme, et de Gaulle demande alors, qu'aussitôt après minuit, soit publié le communiqué annonçant son départ. Il sera diffusé le 28, à zéro heure dix, sans aucun commentaire : « Le général de Gaulle communique : " Je cesse d'exercer mes fonctions de président de la République. Cette décision prend effet aujourd'hui à midi. " »

Les portes de La Boisserie ne s'ouvrent ce jour-là que pour Flohic accouru de Bar-sur-Aube après avoir appris par la radio la démission du Général, puis pour les deux camionnettes venant de l'Elysée avec les bagages personnels, enfin pour Jacques Vendroux qui, le matin même, a démissionné de la présidence de la commission des Affaires étrangères à l'Assemblée nationale. Colombey devient subitement le lieu de rassemblement d'une foule où les journalistes de la veille sont noyés dans l'afflux des fidèles du Général, anciens combattants des F.F.L. et de la Résistance, vétérans du R.P.F., habitués de toutes les commémorations patriotiques. Ceux-là défilent lentement ou s'agglutinent devant « sa » demeure en espérant au moins l'apercevoir pour lui témoigner leur attachement. C'est tout à la fois les adieux de Fontainebleau et une manière de « réparation » de l'ingratitude qui, à leurs yeux, s'est exprimée dans le référendum.

Mais Charles et Yvonne de Gaulle restent invisibles. Même aux puissants téléobjectifs des photographes braqués en permanence sur La Boisserie. Néanmoins, dans les jours qui suivent, quelques proches collaborateurs sont convoqués pour régler des affaires d'ordre privé. Parmi eux, Bernard Tricot, Xavier de la Chevalerie, le général Lalande, Xavier de Beaulaincourt, Jacques Foccart. Le général gendre Alain de Boissieu y fait une apparition le 30 avril et Philippe de Gaulle le 4 mai. Rien ne filtre à l'extérieur des commentaires du Général, ni des sentiments qu'ils peuvent révéler. Pas davantage de ses intentions pour les semaines à venir. Certes, beaucoup plus tard, quelques familiers tenteront, avec plus ou moins de bonheur, d'analyser sa pensée du moment à partir de bribes de conversations ou de boutades. En fait, seule « tante Yvonne » doit savoir la vérité. Et encore est-ce bien sûr ?

Jean Mauriac, qui a consacré un très beau livre à cette période, écrit que Mme de Gaulle déclarait : « Le fait que le Général n'aura plus de soucis lui permettra une vieillesse tranquille... » Ce que contrediront ses premiers mots après la mort de son mari : « Il a tant souffert depuis deux ans. » Mais ce couple profondément uni a toujours vécu dans l'ancienne tradition bourgeoise qui impose un tabou à certains sujets intimes parmi lesquels les tourments et les états d'âme personnels. Ceux-là font partie de domaine réservé et chacun les assume seul et en porte le poids. On peut, dès lors, imaginer que le Général, de dix ans plus âgé que sa femme, aurait jugé malséant ou incongru de se mettre à nu devant elle en lui révélant ses doutes ou ses chagrins. D'autant plus qu'il fit toujours de la solitude une vertu cardinale. Et qu'Yvonne de Gaulle aurait sans doute jugé inconvenant de forcer les confidences.

Mais, pour l'heure, le projet en préparation dans le plus grand secret est celui d'un voyage en Irlande. Xavier de la Chevalerie a été envoyé sur place pour organiser le séjour, de concert avec l'ambassadeur à Dublin Emmanuel d'Harcourt. Mme de Gaulle fait elle-même les valises en cachette du personnel de La Boisserie et se montre enchantée de cette perspective d'escapade sans obligations officielles, sans protocole et surtout sans journalistes aux trousses. Les dispositions prises pour assurer la discrétion du départ, fixé au samedi 10 mai, offrent une nouvelle version du mémorable voyage surprise à Baden-Baden un an plus tôt. Même l'escouade de policiers des Renseignements généraux affectée à la protection du Général a été tenue à l'écart des préparatifs jusqu'au jour J. A sept heures moins le quart, les bagages sont enlevés discrètement, puis, à huit heures, Charles et Yvonne de Gaulle, accompagnés par François Flohic, quittent La Boisserie suivis de la voiture d'escorte. A neuf heures, ils sont à la base aérienne de Saint-Dizier ou le *Mystère 20* du G.L.A.M. dépêché par

Pierre Messmer est prêt à décoller. Moins de deux heures plus tard, ils débarquent à Cork où le premier ministre irlandais et sa femme les accueillent à titre privé.

Jusqu'au 23 mai, les de Gaulle résident à *Heron Cove,* un modeste hôtel un peu à l'écart du village de Sneem sur la baie de Kenmara au sud-ouest de l'île. Il jouit d'une situation inviolable, mais le confort y est austère et la chère assez quelconque. Le climat doux et humide, bénéficiant de l'influence directe du Gulf Stream, donne au grand parc qui entoure la demeure une luxuriance inhabituelle à cette latitude. Yvonne de Gaulle y découvre avec ravissement une profusion de fleurs, des azalées, des rhododendrons, des fougères. La vie s'organise dans ce cadre privilégié. Il relit les *Mémoires d'outre-tombe* et commence à rédiger ses *Mémoires d'espoir ;* elle lit ou tricote. Mais les photographes qui les ont dépistés sont maintenant à l'affût, installés à l'hôtel touristique Parknasilla, et réussiront à les surprendre en promenade sur la plage de Derryname.

La seconde partie du séjour irlandais a pour cadre *Cashel Bay Hotel* dans le Connemara, au nord-ouest de l'île. De Gaulle apprécie l'ambiance qui y règne et surtout les paysages sauvages des alentours, les montagnes désolées, la lande déserte qui inspire ses méditations de promeneur solitaire... Yvonne, de son côté, veille comme jamais au bien-être physique et moral du Général. Un peu comme si celui-ci était un convalescent... Après une visite de l'ambassadeur de France qui a posé beaucoup de questions, elle prend Flohic à part pour lui dire :

« Les exposés, il les a faits à contrecœur, car cela ne l'intéresse plus. Il a recommencé d'écrire et cela ira bien. Il ne faut plus remuer le fer dans la plaie ; qu'on ne lui parle plus de cela, plus de visiteurs, plus de contacts politiques. En réalité, c'est sur le plan physique que le choc a été rude. »

Puis, le 3 juin, c'est un nouveau déplacement dans le Sud et deux autres semaines passées à *Dairy Cottage,* près de Killarney dans un très beau paysage de montagnes et de lacs. La morosité du Général s'y dissipera au fils des jours. Il travaille avec application à ses Mémoires, se promène d'un pas allègre dans le vaste parc et, surtout, semble se désintéresser du duel électoral pour la présidence de la République. Pour lui, il est entendu que, quoi qu'il advienne, « le glissement de la France vers la médiocrité va se poursuivre ». Néanmoins, le 15 juin, il fera parvenir un message à Georges Pompidou : « Pour toutes raisons nationales et personnelles, je vous adresse mes bien cordiales félicitations. » Yvonne de Gaulle, elle, goûte les joies oubliées d'un réel anonymat dans les magasins de Killarney, à la grand-messe à la cathédrale et en flânant dans les petits villages des environs.

Il faut toutefois sacrifier aux obligations officielles quand elles rejoignent celles qu'imposent les bonnes relations. Le 17 juin, Eamon de Valera, quatre-vingt-cinq ans, presque aveugle, président fondateur de la République d'Irlande, attend le Général et Mme de Gaulle à Aras an Uachtarain, près de Dublin, où il réside. De Gaulle a retrouvé sa verve et son style après cette rencontre émouvante avec l'Histoire. Il le confirmera le lendemain — le 18 juin — au déjeuner offert en son honneur par l'ambassadeur, en particulier par sa réponse au toast évoquant un autre 18 juin : « Il est évident que cet anniversaire est celui d'un grand moment par ce qu'il a représenté. Il est bien que ce soit vous qui l'évoquiez aujourd'hui. Vous êtes honoré en ce jour, car vous êtes d'Harcourt et vous vous adressez à de Gaulle. Et je suis honoré, car je suis de Gaulle et vous êtes d'Harcourt. » Enfin, le 19 juin, après avoir reçu des représentants du clan MacCartan auquel il se rattache, il assiste avec sa femme au déjeuner du premier ministre Jack Lynch et, comme au Québec deux ans plus tôt, n'hésite pas un instant à faire un pied de nez aux Anglais en portant un toast en l'honneur de l'Irlande *tout entière.* Cette fois, Yvonne de Gaulle est pleinement rassurée : il a totalement recouvré sa « santé »...

Dans la soirée du 19 juin, le vieux couple, revigoré par le voyage irlandais, réintègre La Boisserie. Lui, résolu à mettre les bouchées doubles pour achever au plus tôt la rédaction de ses Mémoires et projetant d'autres grands voyages en Espagne puis en Chine. Elle, tout heureuse de redevenir une maîtresse de maison à part entière, d'assister à la floraison de ses rosiers et de préparer la saison des confitures. Et cela avec la perspective de nouvelles découvertes du monde... En somme, la retraite comme elle l'attendait depuis longtemps.

La Boisserie est désormais *leur demeure* et non plus seulement, et tour à tour, un lieu de vacances, une résidence secondaire ou havre de méditation sur la route du destin. En 1969, ses aménagements intérieurs sont définitifs. Dans le vestibule d'entrée, une épée à deux mains du XVe siècle, des masques africains, des défenses d'éléphant, des objets calédoniens. A droite, le salon avec les portraits des ancêtres du Général, des icônes, une petite toile *Les Soldats de l'An II,* une Vierge du XVe allemand, une Vierge à l'enfant brésilienne, et une vitrine abritant une collection de souvenirs un peu hétéroclites mais chacun chargé d'émotion. André Frossard rapporte, qu'aux yeux de Mme de Gaulle, la pièce la plus précieuse en était « dans une sorte de reliquaire d'argent, une vieille boîte usée contenant quelques piécettes, apportées à de Gaulle par un inconnu, sur une route poussiéreuse d'Amérique du Sud, en remerciement de ce que ce pauvre pensait avoir reçu, par lui, de la France ».

La bibliothèque est la pièce où l'on se tient le plus souvent. Le Général y fait des réussites sur une table de bridge ou regarde la télévision ; sa femme y écrit sur son petit secrétaire à moins qu'elle ne brode, lise ou tricote près de la fenêtre. Dans les rayonnages, beaucoup d'ouvrages d'histoire de France, des mémoires et des biographies d'hommes célèbres, les grandes œuvres littéraires classiques et quelques autres, dont celles de Jean Giraudoux. Au-dessus, des photographies dédicacées de chefs d'Etat et une collection de lampes de mineurs. Au mur, une laque vietnamienne moderne, sur le radiateur une réduction en bronze du saint Jean-Baptiste de Donatello. Vient ensuite le cabinet de travail, avec un grand bureau massif entouré de bibliothèques emplies de livres reliés et portant un bric-à-brac d'armes de parade, de fanions, de plaques commémoratives, d'insignes, de souvenirs militaires encombrants et un peu poussiéreux. Enfin, la fenêtre qui fait entrer dans la pièce ce paysage austère de plaine et de forêt que le Général aimait tant.

Du vestibule, un escalier de bois conduit au premier étage dans un décor de gravures où ur convoi d'artillerie hippomobile a la meilleure place. La chambre du Général est à deux lits jumeaux Louis XVI, dont un plus long que l'autre, avec cheminée en marbre blanc, guéridon également Louis XVI et tapis d'Orient. Celle de Mme de Gaulle, également cabinet de travail, abrite deux meubles de famille qui avaient appartenu au « beau » Brummell quand il s'était réfugié à Calais. Les chambres de Philippe et Henriette de Gaulle, et d'Alain et Elisabeth de Boissieu sont, elles, meublées en « anglais ».

Yvonne de Gaulle règne souverainement sur la partie gauche du rez-de-chaussée. D'abord, la cuisine bien équipée mais exempte de gadgets « arts ménagers » où s'affairent Louise et Charlotte. Ensuite, la salle à manger avec sa cheminée de pierre décorée de carreaux de Delft et sa longue table cirée. Une pièce où se distribuent un bahut d'origine franque, trois amphores romaines, un coq en mosaïque offert par le roi d'Afghanistan et un autre en acier, les clés de quelques grandes villes et la plaque « rue Princesse » où se trouve à Lille, la maison natale du Général.

Les massifs de fleurs, les rosiers, les tulipes, les plantes grimpantes qui entourent la maison relèvent également du domaine réservé de Mme de Gaulle. Comme je l'interrogeai au sujet du buddléia devant la fenêtre de son bureau, le Général se contenta de me répondre d'un geste vague : « C'est Truffaut ! » Lui, se réserve de plus vastes horizons... et les trois hectares du parc. Celui-ci comprend une partie boisée dominée par deux chênes bicentenaires et un écran de sapins, et une partie en herbage plantée de mirabelliers, pruniers et pommiers d'assez médiocre venue. Dans la partie haute, un coin a été spécialement aménagé pour les petits-enfants : un court de tennis, un golf miniature, un ranch indien et une escarpolette... De Gaulle aime son domaine. Pour la végétation un peu désordonnée qui y croît et surtout pour les vues imprenables qu'il a sur les paysages des alentours. Il a, pour son pré carré, l'attachement d'un homme de la terre et, sans doute, à l'occasion, pourrait-il devenir chicanier pour défendre son bien et son droit, en y mettant la passion qu'il porte aux « grandes querelles ». Par simple décision d'autorité, il aurait pu faire classer les abords de La Boisserie afin d'y interdire les constructions. Par respect de la coutume, il préféra négocier avec son voisin un échange de terres pour se protéger d'éventuels « promoteurs ».

La vie quotidienne à La Boisserie s'est organisée sans à-coups *autour* du Général qui passe la plus grande partie de ses journées à son bureau. Mme de Gaulle a maintenant la satisfaction d'en être l'ordonnatrice incontestée et de pouvoir veiller sans défaillance ni complaisance sur la santé et les humeurs de son vieux mari. Ce n'est pas là tâche facile, même à Colombey. Il faut d'abord, autant que possible, lui épargner les agressions venant de l'extérieur, lesquelles prennent généralement la forme de demandes de « bénédiction politique », voire d'audiences. Mais on n'échappe pas aux informations télévisées dont il reste assidu et qui suscitent chez lui agacement et parfois exaspération. Bref qui troublent cette sérénité qu'elle voudrait tant préserver. Il y a aussi la sauvegarde de sa santé et il accepte toujours aussi mal les recommandations qui lui sont faites, même si on les lui présente avec un luxe de précautions oratoires. De plus, il faut déployer des trésors d'imagination pour concilier son coup de fourchette et les impératifs de son régime alimentaire.

Chaque matin, ils prennent leur petit déjeuner sur le guéridon Louis XVI de leur chambre. Pour lui café noir et croissants, pour elle toasts et marmelade d'orange. C'est le début d'une journée réglée, planifiée, où l'écriture pour l'un, les tâches ménagères et les soins aux fleurs pour l'autre, tiennent la plus grande part. Mais, quotidiennement, ils font ensemble, au moins une fois, le tour du parc en commentant la croissance de la végétation et les couleurs de la saison. Il a un faible pour les oiseaux et, en hiver, s'inquiète de savoir si l'on n'a pas oublié de déposer des graines à leur intention sur les rebords des fenêtres. Elle lui donne le nom des plantes et des fleurs qu'il ignore, ce qui lui permet d'« épater » ses hôtes... Parvenu à l'angle de la propriété délimitée par le mur qui longe la route, il grimpe sur le banc de pierre et là, longuement, les bras croisés, contemple le paysage. Elle, tenant la canne, attend sagement, en contrebas, que se termine cette halte quasi rituelle. Il y a également, de temps à autre, les promenades en forêt.

La voiture les dépose à l'entrée d'une « tranche » où ils s'enfoncent d'un bon pas. Elle aime les fleurs sauvages, lui préfère les girolles et les escargots mais sa mauvaise vue ne lui permet plus guère de les dénicher.

Toutefois, au printemps de 1970, le voyage en Espagne commence à occuper leurs esprits. Ils se sont plongés dans le Guide bleu, l'ambassadeur Robert Gillet est venu par deux fois « en consultation » à Colombey et le colonel Desgrées du Loû a été expédié en reconnaissance outre Pyrénées. Cette nouvelle escapade se prépare naturellement dans le plus grand secret, seuls le président Pompidou, quelques ministres, et le gouvernement espagnol ayant été mis dans la confidence. Le départ, par la route, a lieu le 3 juin 1970. On passe la première nuit au château de Roumegouse dans le Lot, le lendemain c'est la traversée de la frontière à Irun, puis l'arrivée à Santillana del Mar (Santander) et le commencement d'un long périple.

L'Irlande avait été repos et réflexion. L'Espagne sera curiosité et découverte. Charles et Yvonne de Gaulle font le pèlerinage de Saint-Jacques-de-Compostelle, visitent l'Escurial, l'Alhambra de Grenade, la mosquée de Cordoue, la cathédrale de Séville, Mérida, Caceres, Plasencia, des palais, des églises de villages. Avec une journée d'arrêt à Madrid pour une courte visite de courtoisie à Franco et un passage au trot au musée du Prado. Emporté par sa passion de l'histoire dont il découvre les témoignages à chaque pas, fasciné par les paysages arides et sauvages de l'Estramadure et de la Castille, le Général semble infatigable, aucunement incommodé par une chaleur torride. Mme de Gaulle est à l'unisson. Enchantée de ce voyage à deux, avec le colonel Desgrées du Loû chargé des cantonnements, ravie des pique-niques au bord des routes et, surtout, de l'efficacité d'une protection policière discrète qui tient à bonne distance journalistes, cinéastes et photographes. Mais assez réservée sur la cuisine un peu trop « exotique » et malgré tout inquiète du rythme que son mari s'impose. D'autant plus que le soir à l'étape, il trouve le temps de mettre une dernière main au manuscrit du premier tome de ses *Mémoires d'espoir* et, déjà, jette sur le papier le plan et les notes du second tome.

Tout au long de l'itinéraire prévu, les autorités espagnoles ont réservé aux voyageurs les *paradors* d'une chaîne hôtelière nationale qui portent des noms sonores et merveilleux : *Madrigal de Las Altas Torres, El Cigarral Marañon, Refugio de Cazadores de Juanas de Ojen.* En ce dernier, proche de Marbella, ils passeront une dizaine de jours dont celui du trentième anniversaire du 18 juin 1940. C'est une sorte de rendez-vous de chasse dans les rocailles austères de la Sierra Blanca, entre Malaga et Gibraltar, et ils y sont seuls avec leurs souvenirs et un flot de messages et de lettres qui leur parviennent de France. Lui travaille dans le petit bureau que l'hôtel a mis à sa disposition, elle ne quitte pas sa chambre. Ils déjeunent seuls dans la salle à manger, entourés de cornes de bouquetins et de fusils de chasse... et en fin d'après-midi, font une courte promenade à pied aux alentours, dans un vallon planté d'orangers, d'oliviers et de lauriers-roses, ou le long de champs caillouteux où gambadent des troupeaux de chèvres. Un dépaysement total.

Le 26 juin, c'est le retour en France via Avila, Ségovie, Burgos et — Histoire oblige — le col de Roncevaux. Après une nuit au château d'Ayres en Lozère, ils retrouvent Colombey. Pour 1971, le Général caressait l'espoir d'un voyage en Chine. Ce qui, semble-t-il, n'enthousiasmait guère Yvonne de Gaulle. Jean Mauriac écrit qu'il disait alors : « Il faudrait naturellement que je reçoive une invitation du gouvernement chinois et du président Mao. Bien entendu, si j'y vais, je tiens à établir moi-même le programme de mon déplacement. Je suis persuadé que ce que je désirerai voir ne posera aucun problème aux Chinois. Bien sûr, il faudra que je puisse m'entretenir avec le président Mao. Ce seront la Chine et la France qui s'entretiendront en la personne de De Gaulle et de Mao. » Cette question de l'invitation chinoise au Général et à Mme de Gaulle est beaucoup plus embrouillée qu'il n'y paraît.

Rentrant d'un voyage privé à Pékin, la romancière sino-belge de nationalité britannique Han Suyin annonce, le 20 octobre, à Jacques Rueff : « La Chine attend le général de Gaulle. L'invitation est officielle. C'est Chou-En lai qui m'a priée de m'acquitter de cette mission et d'inviter le général en son nom. » Mais Maurice Couve de Murville rentré de Chine quelques jours plus tard rapporte que ni Mao ni aucun de ses interlocuteurs « n'ont à aucun moment évoqué un voyage du général de Gaulle en Chine ». Toujours est-il que l'invitation verbale rapportée par Mme Han Suyin était très inhabituelle et peu conforme aux usages diplomatiques chinois. Aussi ne sera-t-elle pas transmise au Général.

Mais, quelle que soit l'admiration réelle que Chou-en lai et les dirigeants chinois portaient à Charles de Gaulle, on doit s'interroger. Sa visite était-elle *vraiment* souhaitée, alors qu'à l'ombre de Mao physiquement et intellectuellement très diminué, se déroulait, pour le pouvoir, une lutte impitoyable dont nul ne pouvait prévoir qui en sortirait vainqueur ? Seraient-ce les modérés avec Zhou Enlai et Deng Xiaoping ou les ultra-gauchistes entraînés par Jiang Qing ? Néanmoins l'ambassadeur Etienne Manac'h croit, pour sa part, que l'envoi d'une invitation officielle au Général « n'était plus qu'une formalité protocolaire »...

Depuis le 25 avril 1969, les visiteurs qui franchissent le seuil de La Boisserie sont rares, à l'exception naturellement des membres de la famille. Philippe de Gaulle et sa femme, Elisabeth de Boissieu et son mari, y font de courts séjours avec leurs enfants. On y verra également par deux fois Mme Cailliau, sœur aînée du Général, de temps à autre Jacques Vendroux, épisodiquement des neveux et des nièces. Et, chaque mardi, pour le courrier ou une séance de travail, le colonel d'Escrienne, le colonel Desgrées du Loû, Xavier de Beaulaincourt ou Pierre-Louis Blanc. Seuls, parmi les anciens compagnons de la France Libre ou les anciens collaborateurs des dernières années, quelques-uns auront le privilège d'être reçus. Parmi eux Maurice Couve de Murville, Pierre Messmer et sa femme, André Malraux, Jean-Marcel Jeanneney, Léon Noël,

Pierre Lefranc qui prépare la fondation d'un Institut Charles-de-Gaulle.

François Goguel, alors secrétaire général du Sénat et qui prépare des introductions et des notes au *Discours et Messages* en cours d'édition, donne un aperçu de ces réceptions familières à Colombey : « C'est à mon tour de passer au salon pendant que Blanc reste en tête à tête avec le Général. Conversation avec Mme de Gaulle, toujours assise devant le secrétaire dans les casiers duquel sont des dossiers : " Jardiniers ", " Assurance "... Je remarque avec amusement que le petit tapis qu'elle a sous les pieds, devant son secrétaire, est orné d'une croix de Lorraine ; sans doute un cadeau d'admirateur ou d'admiratrice, qu'on utilise sans penser à ce qu'il y a d'incongru à fouler aux pieds ce symbole...

» Le Général et P.-L. Blanc entrent dans le salon vers midi cinquante. Quelques mots de conversation sur ce que font mes enfants (sans doute informé par Blanc juste avant, le Général connaît leur nombre et leurs métiers). J'admire le naturel avec lequel le Général invite Blanc à m'indiquer le " lavabo ". Puis offre (déclinée) d'un verre de porto et l'on passe à la salle à manger qui occupe, comme le salon, toute la largeur de la maison, de l'autre côté du hall. Mme de Gaulle s'excuse sur le service ; le marin qui sert de maître d'hôtel vient de partir à la suite d'une promotion. J'ai bien l'impression que la personne du sexe féminin, en tablier blanc, qui fait le service est la fidèle cuisinière qui a voté par procuration le 1er et le 15 juin.

» On sert une omelette abondamment truffée, des paupiettes de veau, des fromages, une tarte aux pommes (de La Boisserie) ; il y aura une controverse entre le Général et Mme de Gaulle sur le rythme des récoltes de prunes : une tous les deux ans, selui lui ; tous les cinq ans, selon elle. Conversation détendue. Leur petit-fils Charles de Gaulle ne veut pas commencer son doctorat en droit en même temps que sa troisième année de Sciences Po... » On imagine fort bien, d'ailleurs, que ce vieux couple sorti des tempêtes éprouvait quelque délectation à se chamailler sur des questions de préférence futiles. Pour rien, sinon rompre un peu la monotonie des tête à tête...

Quant à la visite qu'André Malraux fit à Colombey le 11 décembre 1969, elle allait entrer dans la littérature et un peu dans la légende avec *Les chênes qu'on abat* dont elle fut l'argument ou le prétexte. Malgré la fascination que de Gaulle exerce sur lui — et réciproquement — et sa volonté de faire œuvre de philosophe, Malraux apporte lui aussi un témoignage sur l'environnement familier de son héros :

« Pendant qu'il reçoit Geoffroy de Courcel, notre ambassadeur à Londres, qui y fut jadis son aide de camp, je cause avec l'aide de camp d'aujourd'hui et Mme de Gaulle. Je n'ai plus l'impression d'être le diable pour elle. Parce que j'ai accompagné le général dans sa retraite, parce que les antennes féminines jouent et qu'elle connaît depuis des années, sans la comprendre clairement, ma relation avec le Général, parce que je suis aujourd'hui à Colombey, parce qu'elle devine la sympathie qu'elle m'inspire ? (Sympathie née quand on m'a dit qu'après l'attentat du Petit-Clamart, elle avait quitté la voiture sans un mot, en rejetant des morceaux de verre tombés sur son épaule, et en remettant son chapeau en place.) Elle a rajeuni à tel point que je découvre le jeune visage qu'aima le capitaine de Gaulle. Jadis lasse, elle montre aujourd'hui une joie contagieuse, qui n'est pas étrangère à la sérénité du Général..

» Elle parle de l'Elysée comme elle parlerait d'un camp de concentration :

» " Même pour le général, vous savez, je me demande comment il a pu supporter cela si longtemps ! "

» Elle l'aime et l'admire, mais si fémininement ! " Oh, le Général dit ça, bien sûr, mais, vous savez... ! "

» Sur la table, il y a des jeux de patience en fil de fer, enchevêtrements qu'il faut débrouiller :

»" C'est lui qui s'entraîne pour dimanche. Maintenant, il est plus fort que tous ses petits-enfants... "

» On passe à table : Le service est fait par deux bonnes en tablier blanc. Le Général verse lui-même le vin. Jusqu'ici, je ne lui avais vu ce sourire descendant et cette paupière plissée que lorsqu'ils accompagnaient des boutades — comme lorsqu'il me dit, en voyant arriver pour une réception de l'Elysée, Brigitte Bardot vêtue d'un pyjama à brandebourgs : " Veine : un soldat ! " et, à elle : " Quelle chance, madame ! Vous êtes en uniforme et je suis en civil ! " Aussi, le jour où il serrait des mains dans la foule sans avoir mis ses lunettes : " Bonjour, monsieur le curé ! — Mon général, je suis un des gorilles. — Alors, bonjour, monsieur le gorille ! " »

La conversation prend un tour plaisant.

Malraux évoque les villages du Niger « qui n'ont pas changé. Sauf en ceci. Tous les hommes de haute taille s'appellent Gaul, comme au Congo, et les Peuls sont grands. Leurs femmes ou leurs fiancées s'appellent tante Yvonne : tantivonn. Où ne pénètre pas *Le Canard enchaîné !* Alors dans les ruelles à chèvres au-dessus du fleuve, on entend des cris lointains : “ Gaul ! Gaul ! — Tantivonn ! Tantivonn ! ” Mme de Gaulle rit. » Plus tard, alors que la conversation porte sur Mme Kennedy, Malraux lance : « Vous vous souvenez des pancartes à Cuba : Kennedy, non, Jackie, oui ? » Mme de Gaulle coupe : « Charles, si nous y étions allés, est-ce qu'il y aurait eu des parcartes : De Gaulle, non, Yvonne, oui ? » Mais, conclut Malraux, « il répond rarement aux questions humoristiques ».

Une semaine plus tôt, je m'étais rendu à Colombey pour échanger avec Charles de Gaulle le contrat d'édition concernant ses *Discours et Messages* et nous nous étions longuement entretenus dans son bureau. C'était l'hiver. Un temps de givre, ciel gris et verglas. Les arbres en verre filé. Quand nous sommes revenus dans le salon, Mme de Gaulle était assise dans un grand fauteuil près de la cheminée où brûlaient des bûches.

« C'est un feu symbolique, m'avait dit le Général... Nous avons besoin de ça... Nous sommes des gens de la campagne... »

Là, s'adressant à sa femme, il lui annonça de la porte :

« Yvonne, nous sommes tout à fait d'accord, M. Jullian et moi. »

Puis il était retourné dans son bureau pour examiner le courrier avec Pierre-Louis Blanc.

J'étais resté seul avec Mme de Gaulle. J'arrivais de Phnom Penh où j'avais présidé le Festival du film dont Han Suyin était présidente d'honneur. J'évoquais la chaleur moite, les éphémères tombés du ciel par milliers dans les bols de soupe chinoise, le restaurant flottant sur le Mékong, et l'attachement de Norodom Sihanouk pour le Général. Nous étions en province française, dans la maison d'un officier supérieur de bonne famille qui avait pris sa retraite. Je disais l'empreinte profonde laissée là-bas, par la visite de De Gaulle, les avenues de Phnom Penh et celles de Siem Reap rebaptisées à son nom…

« Dites-le au Général », me conseilla Mme de Gaulle, et je le fis.

Plus tard, après le déjeuner, de nouveau réunis dans le salon, la conversation s'était renouée. Comme j'avais prononcé le nom du colonel Rémy, de Gaulle avait marqué un temps :

« Rémy ! Il y a longtemps que je ne l'ai vu… C'était un personnage courageux et pittoresque. Quand je pense que, pendant la guerre, un jour il est arrivé à Londres… La veille, il était passé par Paris et s'était rendu chez Lachaume pour apporter des fleurs à ma femme… »

Il s'était tourné vers Mme de Gaulle :

« Yvonne, vous vous souvenez ? Qu'est-ce que c'était déjà ? »

Elle avait répondu :

« Une azalée. »

Voilà, c'était tout. On venait d'évoquer les heures de la clandestinité, de la lutte et du péril. Entre les deux êtres dont l'âge et l'avatar politique faisaient de glorieux exilés de l'intérieur, prisonniers à la fois de l'immense notoriété du chef historique et de la forêt gauloise figée dans l'hiver, un mot repère avait suffi : une azalée. C'est ainsi que se vivent les grands destins.

Le souci majeur du Général qui va se transformer en obsession et presque en angoisse est alors l'achèvement de ses *Mémoires d'espoir.* A Maurice Couve de Murville, il avait dit : « En quatre ans, je peux avoir fini, si Dieu me prête vie. » L'évocation de cette condition reviendra souvent dans ses conversations avec ses visiteurs. L'ouvrage devait comporter trois tomes. Le 11 juillet 1970, je fus appelé une nouvelle fois à Colombey pour y prendre le manuscrit du premier qui a pour titre *Le Renouveau.*

Il est là, sur le côté gauche du bureau, bien rangé dans une chemise qui porte la mention « exemplaire faisant foi ». Il le prend, l'ouvre :

« Le premier chapitre, je l'ai intitulé " Les Institutions "... »

Tout son visage se plisse. On le sent heureux, détendu. L'écriture a toujours représenté pour lui ce qui fait, à jamais, preuve certaine, la trace dans le marbre. Là, il s'agit de son testament d'homme d'Etat. Il croit bon, en me le confiant, d'y mettre un soupçon de malice. Ne serait-ce que pour être, à ce moment exact, un écrivain et non l'homme du destin :

« Le deuxième, c'est " L'Outre-Mer "... »

Clignement d'yeux :

« C'est les *négros...* »

Comment dire que ce n'est ni choquant ni péjoratif ? Le mépris n'y a pas plus sa place que lorsque les hommes disent les « bonnes femmes » pour désigner la gent féminine ou que, réciproquement, parlant de nous elles disent les « mecs ». On continue à feuilleter...

A côté, séparée par l'épaisseur de la porte, Yvonne de Gaulle, comme à l'accoutumée, attend. Elle sait que pour son compagnon à l'heure crépusculaire, le moment compte. Un moment qui appartient à lui seul. Curieuse et altière solitude dont toute leur existence commune a été imprégnée. Si elle est naturelle à l'homme d'écriture parce que créateur et qu'elle va de soi pour le guerrier (Jean Giraudoux, apprécié du Général, n'écrivait-il pas : « La Guerre, que les hommes ont inventée pour être entre eux » ?), rien de l'impose au militaire de carrière, voire au chef d'Etat, qui peuvent être à certaines heures, homme de confidence. Pas de Gaulle. De Gaulle, à sa manière, est un religieux. Il a, avec la France, une relation particulière, haute et exclusive. Ce qui est important ne peut être dit qu'à elle, en son for intérieur. Et ce qui ne lui est pas réservé, ne peut, par voie de conséquence, qu'être secondaire. Nul être vivant ne semble avoir le privilège de partager, fût-ce de façon furtive, l'essentiel. Yvonne de Gaulle, épouse et compagne sans défaillance, a, plus que quiconque, accédé, au prix d'une longue patience, à la connivence sur ce qui n'était pas réservé à la seule France. Elle n'a jamais prétendu à davantage. L'a-t-elle même, à un moment ou l'autre du parcours, seulement souhaité ? Dès les premiers mois de vie commune à Paris, dans le petit appartement avec vue sur le métro aérien, n'a-t-elle pas su, en partageant la vie du haut capitaine rentré de Pologne, qu'elle avait la mission ingrate et enviable, d'entretenir chez elle un personnage historique ? Lui, en tout cas, n'en doutait pas. Leur complicité fondamentale ne tenait-elle pas, avant tout, à cette acceptation, immédiate et définitive, qu'Yvonne Vendroux avait manifestée, au lendemain de leur mariage et qui faisait d'elle l'ombre attentive d'un personnage décidément hors du commun ? A-t-elle jamais tenté de le détourner de quoi que ce fût qu'il ait entrepris ? Pour la date majeure visible, celle du 18 juin 1940, l'aurait-il voulu qu'il n'aurait pu la consulter. Il était casqué, vêtu de cuir, ou ministre sur les chemins, en tout cas loin d'elle, et hors d'état de l'interroger ou de l'informer. La funeste affaire de Dakar ? La décision de renoncer au pouvoir, par deux fois, à vingt années de distance, ou celle de le ressaisir, adroitement, au passage, sans s'y brûler les doigts... « Un coup d'Etat... il n'y a plus d'Etat... je pourrais tout juste faire un coup »... On ne sait rien mais tout porte à croire que de Gaulle a été muet. Il était, par serment secret, lié à « Notre-Dame la France ». Parler à quiconque était trahison. Il s'est tu. Yvonne de Gaulle, née Vendroux, n'a rien su. Cela ne signifie point qu'elle n'ait pas, souvent, deviné.

A l'automne, le Général confie mélancoliquement à son neveu Bernard de Gaulle : « Ces Mémoires, comme je voudrais les terminer avant ma mort. Je me dépêche, je me dépêche... j'espère écrire le second tome en moins d'un an. C'est ma mission avant de mourir. » Certes, n'importe quel octogénaire sait que les années lui sont comptées, mais avait-il pour autant le pressentiment de sa mort prochaine ? Malraux pensait qu'il avait eu une alerte et tenait cet avertissement secret. Son fils Philippe, qui le vit pour la dernière fois le 27 septembre, l'aurait trouvé plus triste qu'à l'ordinaire. Mais Mme de Gaulle affirmera n'avoir noté aucune altération brutale de sa santé.

Sur ces *Mémoires d'espoir,* tout a été dit, et c'est sans doute Jean Mauriac qui, l'ayant vécu au plus près, a écrit, à propos de son lancement, les pages les plus intéressantes. En classant des papiers, je suis tombé sur la photocopie d'une note de Charles de Gaulle, datée du 8 octobre 1970 — c'est-à-dire un mois avant sa mort — intitulée : « Pour la réimpression — Rectifications à apporter. » Elles sont au nombre de douze et, à vrai dire, assez anodines. Seules deux émergent et sont particulièrement significatives. Page 53, le typo n'a pas mis de majuscule à « Français », de Gaulle le relève et le corrige. Page 160, il avait écrit « de mon propre *chef* » ; il barre et il remplace l'expression par « de mon propre fait ». A l'approche immédiate de la mort, on dirait, qu'inconsciemment, il ne supporte pas, fût-ce dans une locution, l'idée d'avoir un *chef.*

Le 2 novembre, jour des morts, il fait une visite au cimetière de Colombey avec sa famille. Puis une promenade à pied d'une heure trois quarts avec son gendre, Alain de Boissieu, dans la forêt des Dhuits. Tout au long de la semaine, il travaille au troisième chapitre du second tome de ses Mémoires, échafaude des projets pour les vacances de Noël, envisage de nouvelles plantations d'arbres dans le parc dont il continue de faire quotidiennement le tour, plusieurs fois et d'un bon pas. Le 3 novembre, il reçoit un de ses premiers compagnons de Londres, le général Renouard, quatre-vingt-cinq ans, et sa femme. Le samedi 7, il fait une longue promenade en voiture sur les routes de la Haute-Marne et un peu de marche à pied dans un sentier forestier. Le dimanche, il assiste à la messe avec sa femme dans l'église de Colombey. Plus tard, le prêtre dira l'avoir trouvé anormalement pâle.

Le lundi 9 novembre est un jour gris et pluvieux. Le Général travaille toute la matinée en son bureau, déjeune en tête à tête avec sa femme qui, ensuite, l'accompagne dans son premier tour de parc. Puis, il reçoit un voisin René Piot pour régler un problème de mitoyenneté, téléphone à Xavier de Beaulaincourt, reprend le chapitre en cours des Mémoires et écrit quelques lettres, dont une à sa belle-sœur, Mme Jacques Vendroux, et une à son fils. Trois jours plus tôt il avait déjà écrit à Philippe : « Puisse cette maison (La Boisserie) être pour notre famille un centre effectif de réunion, cela tant que nous y serons ta Maman et moi, puis ta Maman après moi ; mais cela aussi, je l'espère, autour de toi et d'Henriette (Mme Philippe de Gaulle) quand nous aurons disparu ! » Prémonition inconsciente qui s'exprime dans un souhait ?

A la nuit tombée, il ferme lui-même, comme chaque soir, les volets de son bureau et rejoint Mme de Gaulle installée à son petit secrétaire dans la bibliothèque. Et là, comme chaque soir, il commence une réussite sur la petite table de bridge en attendant le dîner. Entre dix-huit heures cinquante et dix-huit heures cinquante-cinq, il pousse un cri de douleur, porte la main à son dos et s'affaisse doucement sur le côté, la tête en avant. Mme de Gaulle s'est dressée sans un mot. Il respire encore, mais a perdu connaissance. Déjà elle sait qu'elle est seule.

12

C'est la solitude

Dans la bibliothèque de La Boisserie où la mort vient d'entrer, Yvonne de Gaulle sait le rôle qui lui incombe. Immédiatement, elle a demandé à Charlotte d'appeler le docteur Guy Lacheny à Bar-sur-Aube, puis au chauffeur Francis Marroux d'aller chercher l'abbé Jaugey, curé de Colombey. A sept heures dix, le médecin est introduit auprès du Général qui a été allongé sur un matelas posé à même le sol et râle doucement. D'un signe, il confirme que la fin est proche, laisse la place au prêtre qui administre au moribond le sacrement des malades remplaçant l'extrême-onction de jadis. Dans la pièce silencieuse, tous sont à genoux, les deux servantes pleurent. A dix-neuf heures vingt-cinq, le cœur du Général a cessé de battre. Mme de Gaulle, impassible, se tourne alors vers le docteur Lacheny et lui dit simplement : « Il a tant souffert depuis deux ans… »

Aussitôt, le médecin, le prêtre et le chauffeur procèdent à la toilette mortuaire, puis déposent au salon la dépouille du Général revêtu de son uniforme et recouverte du drapeau. Mme de Gaulle dispose près du corps, sur une petite table, deux cierges, un crucifix, une soucoupe d'eau bénite, une branche de buis, et met aux mains de son mari le chapelet offert par Jean XXIII. Comme elle en a exprimé le désir, elle commencera seule la longue veillée funèbre. A l'abbé Jaugey, elle a demandé d'annoncer par téléphone la mort du Général à son gendre Alain de Boissieu qui lui-même préviendra Philippe de Gaulle, et recommande à tous les témoins de conserver le secret.

Le général de Boissieu, sa femme Elisabeth, et leur fille Anne arrivent à Colombey vers une heure du matin et sont aux côtés de Mme de Gaulle pour terminer cette nuit de veille. Le 10 novembre, Philippe de Gaulle, venu de Brest, téléphone de son appartement parisien à Colombey. Les premiers mots de sa mère seront : « Je te rappelle que tu dois faire publier le plus tôt possible les dispositions testamentaires de ton père… » D'emblée, Mme de Gaulle exprime ce qui sera désormais son souci, presque son obsession, et lui dictera son comportement : assurer intégralement le respect des dernières volontés du Général. En premier lieu l'exécution de son testament du 16 janvier 1952 concernant la cérémonie funèbre :

« Je veux que mes obsèques aient lieu à Colombey-les-Deux-Eglises. Si je meurs ailleurs, il faudra transporter mon corps chez moi, sans la moindre cérémonie publique.

» Ma tombe sera celle où repose déjà ma fille Anne et où, un jour, reposera ma femme. Inscription : Charles de Gaulle (1890-...). Rien d'autre.

» La cérémonie sera réglée par mon fils, ma fille, mon gendre, ma belle-fille, aidés par mon Cabinet, de telle sorte qu'elle soit extrêmement simple. Je ne veux pas d'obsèques nationales. Ni président, ni ministres, ni bureaux d'assemblées, ni corps constitués. Seules les Armées françaises pourront participer officiellement, en tant que telles ; mais leur participation devra être de dimensions très modestes sans musiques, ni fanfares, ni sonneries.

» Aucun discours ne devra être prononcé, ni à l'Eglise ni ailleurs. Pas d'oraison funèbre au parlement. Aucun emplacement réservé pendant la cérémonie, sinon à ma famille, à mes Compagnons membres de l'ordre de la Libération, au conseil municipal de Colombey. Les hommes et les femmes de France et d'autres pays du monde pourront, s'ils le désirent, faire à ma mémoire l'honneur d'accompagner mon corps jusqu'à sa dernière demeure. Mais c'est dans le silence que je souhaite qu'il y soit conduit.

» Je déclare refuser d'avance toutes distinction, promotion, dignité, citation, décoration, qu'elle soit française ou étrangère. Si l'une quelconque m'était décernée, ce serait en violation de mes dernières volontés. »

Dans la matinée du 10, les visiteurs « bienvenus » arrivent à La Boisserie pour se recueillir devant le corps du Général. Puis, écrit Jean Mauriac, « il y eut un moment d'émotion intense à l'heure du déjeuner. Mme de Gaulle et ses enfants se retrouvèrent dans la salle à manger. Pour la première fois, la place du Général à table, le dos à la cheminée — entourée de deux grandes amphores phéniciennes — était vide. Immobiles, silencieux, tous contemplèrent cette place. Mme de Gaulle eut du mal à contenir sa douleur, mais ne céda pas à son chagrin. Philippe de Gaulle n'étant pas encore arrivé, elle pria sa fille Elisabeth de s'asseoir à la place de son père. C'est à table, au début du repas, qu'ils entendirent à la télévision l'allocution de M. Georges Pompidou. Puis Mme de Gaulle, comme à l'habitude, demanda courtoisement au colonel Desgrées du Loû et à M. de Beaulaincourt des nouvelles de leur famille et évoqua certains détails matériels concernant la préparation des obsèques. Mais les convives demeurèrent la plupart du temps silencieux [1]. »

La mise en bière a lieu le même jour vers vingt heures et Mme de Gaulle fait fermer définitivement le cercueil devant lequel, le lendemain, les anciens collaborateurs du Général viendront s'incliner. Parmi eux Georges Pompidou et Jacques Chaban-Delmas qui, rentré à Paris, confie : « J'ai vu Mme de Gaulle. Quelle dame ! Même dans ma génération, même dans mes montagnes je ne sais pas s'il existe encore des femmes de cette trempe. J'ai vu dans son chagrin quelque chose de religieux. Elle savait que cela devait arriver… Elle était accablée ; mais quelle extraordinaire dignité. »

1. Jean MAURIAC : *La Mort du Général,* Grasset, 1972.

Dans l'après-midi du 12 novembre, Charles de Gaulle est porté en terre avec la simplicité qu'il avait souhaitée. Et quelques heures plus tard, les grilles de La Boisserie se referment sur une vieille dame enfouie dans ses voiles noirs. Elles ne s'ouvriront plus que pour sa famille la plus proche : ses enfants, ses cinq petits-enfants, son frère Jacques.

Yvonne de Gaulle a choisi la solitude. Presque la réclusion. Comme ces femmes de l'Antiquité dont la vie sociale s'achevait à la mort de leur mari... A La Boisserie, tout sera maintenu en l'état du jour où le Général la quitta, mais la veuve n'a pas pour autant le culte des reliques. Après avoir refusé que soit pris un moulage du visage et des mains du Général sur son lit de mort, elle a fait brûler ses vêtements personnels et même son lit. Seuls deux képis et deux uniformes iront aux musées de l'ordre de la Libération et de Saint-Cyr, et un képi à la fidèle Marguerite Potel en souvenir d'Anne.

Dans la grande maison vide et silencieuse, Mme de Gaulle ne veut désormais recevoir aucun étranger à sa famille, eût-il été un fidèle parmi les fidèles du Général. Jean Mauriac écrira : « Ces anciens compagnons du Général, ceux de la France Libre et de la Résistance, au fond, elle ne voulait plus les voir. A chaque 9 novembre, ils venaient, chaque année moins nombreux, par train spécial assister à une messe à Colombey. Pas une fois Mme de Gaulle ne leur donna la joie d'être parmi eux. Elle demeurait à La Boisserie le temps de leur visite. Aussitôt après leur départ, elle allait alors assister à « sa » messe, au milieu des habitants du village et de quelques gaullistes fidèles. Pour Mme de Gaulle, Colombey était la maison privée, familiale, du Général. Personne, à ses yeux, hors ses proches, n'avait le droit d'y entrer. » Il semble, toutefois, qu'elle ait fait quelques exceptions à cette règle. Entre autres pour la maréchale Leclerc et quelques-uns des plus proches et derniers collaborateurs du Général.

Plus que jamais, elle souhaite qu'on ne parle pas d'elle, qu'on l'oublie, qu'on la laisse seule avec ses souvenirs jusqu'au jour où, pieusement, elle ira rejoindre le Général. Elle décline toutes les invitations pour des inaugurations, des commémorations, des manifestations patriotiques. N'ayant vécu que *pour* son mari et ses enfants, enfermée dans la cellule familiale, n'ayant dans la vie publique, paru *aux côtés* du Général que par devoir et dans le rôle que lui-même avait fixé, elle estime que ce rôle a pris fin le 9 novembre 1970. En outre, elle ne tenait pas à rencontrer ceux qui avaient été les artisans de l'échec du référendum de 1969. Jean Mauriac rapporte que « selon ses intimes, elle portait de la rancune à M. Giscard d'Estaing à cause de son “ oui mais ” et surtout de son “ non ” au référendum ».

Elle fera pourtant quelques rares apparitions officielles, toujours discrètes. A Coëtquidan, le 25 juillet 1971, pour le triomphe de la promotion d'officiers « Charles de Gaulle », puis aux Invalides où, à demi dissimulée derrière un pilier, elle assiste à la remise de la plaque de grand officier de la Légion d'honneur à son gendre le général de Boissieu. Enfin, à Colombey, le 18 juin 1972, pour la cérémonie d'inauguration du Mémorial, unique occasion d'une rencontre « presque glaciale » avec le président Pompidou. A dire vrai, l'édification de cette immense croix de Lorraine « qui allait attirer trop de visiteurs » ne lui avait guère plu et elle ne l'accepta que sur l'insistance de l' « Association nationale d'action pour la fidélité au général de Gaulle ».

Son seul intérêt constant pour le « dehors » demeure la Fondation Anne-de-Gaulle qu'elle créa au lendemain de la Libération pour accueillir de jeunes handicapées. Elle occupe une propriété de quinze hectares acquise par le Général en octobre 1946 à Milon-la-Chapelle, dans la vallée de Chevreuse. C'est une grande maison blanche à un étage construite sur une colline au milieu des arbres. Sa grille d'accès porte la simple inscription *Château Vert-Cœur* suivie de quelques avertissements : « Chien méchant — Défense d'entrer — Maison de santé ». Six religieuses et leur mère supérieure y ont la charge de quarante jeunes filles « irrécupérables » âgées de quinze ans au moins, admises par Mme de Gaulle elle-même qui étudie leurs dossiers. Les droits d'auteur du Général sont versés en grande partie à cette Fondation, un temps gérée financièrement par Georges Pompidou.

A La Boisserie, Yvonne de Gaulle vit désormais très modestement, à petits frais, à l'économie, comme elle sait si bien le faire. Elle passe la plus grande partie des longs et sombres hivers de Colombey, dans une solitude à peu près totale, tricotant, lisant, égrenant son chapelet et ses souvenirs dans la salle à manger où elle se confine. Ses seuls déplacements sont pour les achats à Bar-sur-Aube ou à Chaumont et très rarement, pour une seule journée, à Paris. Ses sorties, la messe du dimanche et les visites au cimetière. A Pâques, elle se rend chez son fils à Agay dans le Midi de la France. Elle évite les vacances d'été « afin d'être sûre de n'apercevoir aucun sein nu sur les plages. » « C'est de l'inconduite qui risque de pousser mes petits-enfants dans la faute », disait-elle. Puis elle passe le mois de juillet chez les Boissieu à Locmariaquer Parfois, elle fait un voyage à Menton, en Alsace, dans le Jura, avec son frère Jacques Vendroux.

Mme de Gaulle semblait ainsi avoir organisé le soir de sa vie, après la disparition du Général, comme elle l'avait sans doute depuis toujours prévu. En gardienne, jusqu'à sa mort, de la maison familiale et de la tombe du Général où elle aura sa place... Or, en fin septembre 1978, elle quitte Colombey pour Paris et s'installe dans une petite chambre au cinquième étage d'une maison de retraite tenue par les sœurs de l'Immaculée-Conception-de-Notre-Dame-de-Lourdes, dans l'avenue de La Bourdonnais. C'est un abandon définitif de La Boisserie. Une décision qu'elle a mûrie seule et dans un secret absolu. Au point que ses enfants eux-mêmes n'en seront informés que par une lettre de la mère supérieure... Toutefois, en août 1972, elle avait confié au colonel d'Escrienne qu'il avait été décidé, entre le Général et elle, que celui des deux qui survivrait à l'autre demeurerait à La Boisserie « aussi longtemps qu'il le pourrait ».

Plus tard, on expliquera cette décision inattendue par son état de santé. Peu après la mort du Général, elle avait eu une légère attaque, avec un début de paralysie du bras, une tension anormalement élevée, des troubles de la vision, puis des rhumatismes que venait aggraver le climat froid et humide de Colombey. Rien, pourtant, d'exceptionnellement inquiétant chez une vieille dame de soixante-dix-huit ans qui conservait toutes ses facultés et marchait toujours d'un bon pas.

Il y eut aussi certainement son désarrroi devant le départ des servantes de La Boisserie. Louise, la cuisinière alsacienne, venait de mourir, Charlotte prenait sa retraite et Honorine venait de trouver un mari en Suisse. Quant à Francis Marroux, le chauffeur des temps difficiles, l'heure de sa retraite allait également sonner. Jean Mauriac rapporte que « Mme de Gaulle avait dit : “ Je n'ai trouvé personne pour remplacer ces dévoués ! ” Aurait-elle eu d'ailleurs le courage de se réhabituer à de nouveaux visages ? Et elle avait ajouté : “ Si gentils qu'ils soient, je n'ai pas voulu encombrer mes enfants, et encore moins accepter les offres officielles renouvelées et que j'avais déjà écartées après la mort du Général. ” (Le gouvernement lui avait offert une résidence à Paris). »

Mais ces fort bonnes raisons étaient-elles suffisantes pour conduire Mme de Gaulle à rompre aussi totalement avec Colombey, « non sans chagrin » comme elle le dira ? Car il s'agit bien d'une rupture. Elle quitte en effet La Boisserie sans emporter d'autre bagage que ses effets personnels et quelques photographies. Certes, on aurait pu imaginer que ce fût pour se réfugier à l'ombre d'une communauté religieuse et s'isoler davantage des bruits du monde. En fait, la maison de retraite de l'avenue de La Bourdonnais est une sorte de « pension de famille » pour dames pieuses. Ses trente-trois locataires y mènent une vie simple et tranquille, entre leur petite chambre austère et la salle à manger où les repas sont servis à heures fixes. Mais elles peuvent recevoir des visites et sortir comme elles l'entendent.

Pour Mme de Gaulle, ce n'est plus la sombre solitude de La Boisserie. Une solitude qui, sans nul doute, lui était devenue pesante et insupportable. Or, en cette maison de retraite, elle se félicite d'être « entourée par cette chaleur humaine que l'on ne trouve que chez les religieuses ». Elle a aussi la joie de pouvoir rendre visite à tout instant à son frère Jacques Vendroux, à sa sœur Suzanne Rérolle, à ses enfants et à ses petits-enfants. Enfin, elle retrouve Paris avec ses yeux de trente ans. Elle prend l'autobus, arpente le quartier de l'Ecole militaire où elle conserve tant de souvenirs, à l'occasion, visite des expositions.

Davantage qu'à Colombey, elle s'intéresse à la vie politique et même aux faits divers. Après un attentat d'extrémistes dans son quartier, elle écrira à Jacques Vendroux en octobre 1979 : « Pas entendu de " Boum " pour la petite bombe de l'avenue de La Bourdonnais. Ceci dit, je ne donne pas tort à celui qui l'a posée puisqu'elle n'a tué personne. Je ne donne pas tort au poseur dans ce cas particulier. » Un commentaire en vérité assez inattendu sous la plume d'une vieille dame tranquille... qui plus qu'on ne pouvait le supposer avait le goût de l'insolite et le sens de l'humour.

D'autant que cette vieille dame est condamnée à très brève échéance et qu'elle le sait. Le 4 juillet

1979, elle est transportée d'urgence au Val-de-Grâce où une intervention chirurgicale est jugée nécessaire. Sans illusion sur la gravité de son état, elle a demandé à recevoir le sacrement des malades avant d'entrer en salle d'opération. Le 19 octobre, il lui faut subir une seconde intervention. Commence une douloureuse agonie au long de laquelle elle répète à ses médecins : « Laissez-moi mourir, je vous en prie. Je vous le demande. Laissez-moi rejoindre le Général. » Elle s'éteint le 8 novembre 1979, vers une heure trente. La veille du neuvième anniversaire de la mort du Général.

Pour la première fois tous les journaux de France font leurs gros titres sur celle qui fut la première dame de France : « La dernière page d'une époque » (*Le Matin*), « Un destin s'achève » (*Le Figaro Dimanche*). Et ces journalistes qu'elle n'aimait guère sont unanimes à rendre hommage à sa dignité et à sa discrétion. *Le Matin* écrit : « Une silhouette dans un tailleur sobre, marchant silencieusement auprès du Général dans le parc de La Boisserie, c'est l'image que beaucoup de Français garderont d'Yvonne de Gaulle. Ils savaient peu de chose de celle qui fut, pendant dix ans, la première dame de France. Ils la respectaient, ils l'aimaient avec cette même discrétion qu'elle avait su mettre entre elle et de Gaulle dans l'exercice de sa fonction.

» Toujours présente, elle ne semblait jamais là. Elle est partie sans livrer aucune des réflexions, aucun des sentiments nés, au fil des jours, de cette intimité avec un homme qui s'efforça d'incarner, durant trente ans, la France.

Elle a gardé ses secrets, et l'histoire ne donnera jamais d'Yvonne de Gaulle qu'une biographie à l'image d'une exceptionnelle volonté de s'effacer. Une vie en contre-chant d'une des plus illustres partitions de l'histoire. »

Les obsèques de Mme de Gaulle ont lieu à Colombey le 10 novembre 1979 dans l'après-midi. Dans la simplicité et le recueillement, avec « le sentiment qu'une page était vraiment tournée ». Dans la petite église, le service funèbre est célébré par l'abbé Lambert, nouveau curé de la paroisse, qui dans une brève homélie dit simplement : « L'intimité voulue par Mme de Gaulle m'interdit tout éloge. Je voudrais seulement rappeler que son destin hors du commun a été vécu en toute humilité et dans la maison de Dieu. Et, enfin, selon les paroles du Général lui-même, que sans elle, rien de ce qui fut n'aurait été possible. »

Cinquante ans plus tôt, le 26 décembre 1920, le capitaine de Gaulle écrivait à Mme Jacques Vendroux, sa future belle-mère, à propos d'Yvonne, sa fiancée : « Au moment d'entrer dans cette année, je me sens pénétré à votre égard d'une immense reconnaissance en pensant au trésor que vous acceptez de me donner. Cette reconnaissance durera aussi longtemps que durera ma vie [1]. »

1. Outre les divers ouvrages cités, ce livre doit beaucoup aux propres écrits de Charles de Gaulle, tous publiés à la Librairie Plon, notamment *Mémoires de guerre*, *Mémoires d'espoir*, *Lettres, Notes et Carnets*. Nous regrettons que le dernier tome de cette série, si précieuse pour un biographe, ne soit pas encore sorti à l'heure où nous mettons sous presse.

Table des matières

Achevé d'imprimer le 24 février 1982
sur presse CAMERON
dans les ateliers de la S.E.P.C.
à Saint-Amand-Montrond (Cher)
pour le compte des éditions Stock
14, rue de l'Ancienne-Comédie, 75006 Paris

Imprimé en France
Dépôt légal : 1er trimestre 1982.
N° d'Édition : 4445. N° d'Impression : 324.
54-07-3150-03

ISBN 2-234-01508-1

H/54-3150-7.